NIETZSCHE NO PARAGUAI

**Christophe Prince
& Nathalie Prince**

NIETZSCHE NO PARAGUAI

Tradução de Julia da Rosa Simões

L&PM EDITORES

Texto de acordo com a nova ortografia.
Título original: *Nietzsche au Paraguay*

Tradução: Julia da Rosa Simões
Capa: Ivan Pinheiro Machado. *Ilustração*: iStock
Preparação: Mariana Donner da Costa
Revisão: Patrícia Yurgel

CIP-Brasil. Catalogação na publicação
Sindicato Nacional dos Editores de Livros, RJ.

P952n

Prince, Christophe, 1967-2017
 Nietzsche no Paraguai / Christophe Prince, Nathalie Prince; tradução Julia da Rosa Simões. – 1. ed. – Porto Alegre [RS]: L&PM, 2020.
 328 p. : il. ; 21 cm.

 Tradução de: *Nietzsche au Paraguay*
 ISBN 978-85-254-3931-4

 1. Förster-Nietzsche, Elisabeth, 1846-1935. 2. Förster, Bernhard, 1843-1889. 3. Nietzsche, Friedrich Wilhelm, 1844-1900 - Influência. 4. Alemãs - Nueva Germania (Paraguai) - História. 5. Imigrantes - Nueva Germania (Paraguai) - História. I. Prince, Nathalie. II. Simões, Julia da Rosa. III. Título.

20-62418   CDD: 989.2
              CDU: 94(893)

Meri Gleice Rodrigues de Souza - Bibliotecária CRB-7/6439

© Editions Flammarion, Paris, 2019.

Todos os direitos desta edição reservados a L&PM Editores
Rua Comendador Coruja, 314, loja 9 – Floresta – 90.220-180
Porto Alegre – RS – Brasil / Fone: 51.3225.5777

Pedidos & Depto. Comercial: vendas@lpm.com.br
Fale conosco: info@lpm.com.br
www.lpm.com.br

Impresso no Brasil
Inverno de 2020

Sumário

Prelúdio 15
A expedição Miramontes 31
A Colônia 65
O Graal 113
A caçada 197
As moças-flores 251
Epílogo 301
Posfácio 313

Fotos 321
Bibliografia 323

"Muitos morrem tarde demais, alguns morrem cedo demais."

Friedrich Nietzsche,
Assim falou Zaratustra, livro I (1883)

Para nossos quatro As:
Anselme, Armance, Ambroise e Adélie.

"O que não me mata me fortalece."
Friedrich Nietzsche,
Crepúsculo dos ídolos (1888)

Para que eles sejam fortes.

Agradecimentos

Gostaríamos de fazer um agradecimento especial ao dr. Brunner, curador do Goethe-und Schiller-Archiv, em Weimar, e à sra. Busquet, diretora da Biblioteca Nacional do Paraguai, em Assunção, pelo conhecimento, pela hospitalidade, pela disponibilidade. Sem eles, esta obra não existiria.

Que eles recebam, aqui, a expressão de nossa gratidão.

Parsifal:
– Onde está o Graal?
RICHARD WAGNER

Virginio Miramontes?
O diabo em pessoa!
ELISABETH NIETZSCHE

PRELÚDIO

1
Diário de bordo do capitão Virginio Miramontes

30 de abril de 1888

Hoje, nada; ou melhor, "nada a assinalar", segundo Pedro. Vazio absoluto. Mas precisamos nos manter absolutamente vigilantes. Chuva o dia inteiro.

[Última página do diário de bordo do capitão Virginio Miramontes.]

2

Vermelho

VERMELHO. Vermelho em tudo: vermelho no nariz, nos olhos, nos lábios. Vermelho com um amargo gosto de terra.

E uma pancada na cabeça.

– Pedro?

E a cabeça que sangra. Ele sente insetos subindo por seu rosto e se amontoando na testa e no topo do crânio, de onde o sangue escorre: mosquitos, formigas pretas, moscas, tatus-bolas, todos em procissão para carneá-lo, brigando para chupar seu cérebro. Mas de onde eles vêm? Sua mão pesa cinquenta quilos, ele não consegue movê-la. Se pudesse, distribuiria tapas para todos os lados e esmagaria aqueles abutres. Suas pálpebras também pesam.

Não pegar no sono.

Ele volta a abrir os olhos: vermelho o rio, vermelhas as árvores... Não pegar no sono. Os malditos atacaram ganindo como chacais, chacais mortos de fome. "Iap-iap!" e "iup-iup!", e de novo e de novo: ele ouvia, mais do que via. As lanças e as flechas vinham dos arbustos, de todos os lados, e caíam como chuva de verão sobre eles, sobre o rio e a piroga, com estrondo, sobre Pedro também, sobre Francisco e Julio, e sobre ele próprio. Meu Deus, como era pesada aquela maldita lança! A ponta entrou profundamente em seu flanco direito.

Ele a apalpa: madeira de quebracho, dura como aço. Com o canto do olho, ele pode ver o cabo escuro erguido para o céu, com grandes plumas ornamentais. Vermelhas, as plumas. Sim, chacais! Fazia semanas que estava atrás deles e não os encontrava. Uma gente fantasma.

Vermelho, o céu. A dor se torna insuportável, penetrante. Ela o imobiliza no fundo da piroga, naquele charco de água e sangue, o seu sangue, mas também o sangue de Pedro, de Francisco e de Julio.

A dor, a lança, ele tem a impressão de que um exército de macacos puxa seu corpo desde a margem! De ferimentos, já teve seu quinhão. Batalha de Tuiuti, 1866: uma bala atravessou seu ombro, explodindo a omoplata; batalha de Avaí, inverno de 1868: um tiro de mosquete decepou o anular de sua mão esquerda; e em Lomas Valentina, alguns dias depois, estilhaços de uma granada quase arrancaram sua perna direita. Ele ficou levemente manco, e tem as dores reumáticas de um ancião. Mas nenhum desses ferimentos o fizera sentir tanta dor.

– Pedro?

Mortificado e imóvel como uma figura de proa, com o rosto virado para a margem que desliza suavemente à sua frente, ele não consegue distinguir a parte de trás da piroga. Pedro ainda estará ali? Atrás dele? Ele não o ouve. Não o ouve mais. Francisco se foi; caiu na água lamacenta do rio no início do ataque, atravessado por meia dúzia de flechas como um São Sebastião no martírio. Afundou imediatamente, a cabeça primeiro, sem dizer palavra, sem gemido algum: como uma pedra. Julio, por sua vez, berrou, gemeu e gritou a cada flecha que o atingia: primeiro no pescoço, atravessado de lado a lado, depois no braço, na barriga e por fim no olho, e então se calou, caindo suavemente na água e partindo com a correnteza: como um tronco seco. O rio se tornou vermelho-escuro em volta deles, desenhando veios marmóreos cor de cereja na água lamacenta.

– Pedro?

Pedro, o fiel Pedro. Ele lembra de ouvir seus gritos, gritos enraivecidos, depois gritos estrangulados, e nada mais. Estará morto? Estará agonizando a poucos centímetros, sem que ele consiga vê-lo?

De sua parte, se deitou no fundo da piroga no início do ataque, primeiro para se proteger, depois para sacar seu Henry. Um único tiro daquele longo cano de aço podia matar um puma; ele ouvira falar de bisões derrubados de uma só vez a uma légua de distância. Mas mal teve tempo de carregá-lo, pois a maldita lança, de madeira escura e ponta de pedra presa com fios de cânhamo, o perfurou. Na mesma hora, com a respiração entrecortada e com uma dor intensa, pesada, granítica, que o impelia para o fundo do barco, suas mãos se crisparam sobre o rifle impotente, que mergulhou no rio. Ele sentiu a água fria nas mãos, depois o cano do rifle tocando a lama do fundo. Empurrou a coronha, com todo o peso de seu corpo, como um gondoleiro, até a piroga se afastar da margem e dos uivos daqueles chacais para deslizar por uma correnteza mais rápida. Aquilo os salvou. Aquilo o salvou.

Rememorar.

É preciso dizer que não há mais nada a fazer. Ele lembra do padre Gregorio. Da varinha de madeira enegrecida que o fustigava até cansar, quando ele era pequeno, nos pés e nas mãos. "Aguenta! Aguenta!", o padre repetia, o cenho franzido, "não grites, nao gemas, não te queixes, aguenta!", e a voz ofegante e extenuada pelo esforço que ele colocava em cada um dos golpes. Dois riscos escuros eram seus olhos apertados. Nem o vício, nem a virtude. Ao lado dos outros meninos, ele ficava nu, de joelhos, as palmas das mãos e as plantas dos pés oferecidos aos maus-tratos metafísicos do padre: "Não és essa dor, meu pequeno, entende isso, aceita a dor, esquece a dor!", e ele batia meticulosamente nos mesmos lugares do corpo, enchendo as feridas de outras feridas, concentrando os golpes nos lugares em que a pele não cicatrizava, pois, como ele dizia numa voz seca, tão seca quanto a varinha, "dessa dor e desse corpo, meu pequeno, aprende a te afastar, porque não és eles".

Sangue nos olhos.

Ele herdou do padre Gregorio uma mão esquerda frouxa, mas nada daquela metafísica que não valia nem meia missa. Ali, naquele momento, ele é sofrimento. Nada além de sofrimento e nada além daquela carne atravessada por uma lança; nada além daquela dor ácida que lhe queima o cérebro. Sua alma é sangue e não aguenta mais.

Ele geme, se lamenta, e está todo vermelho. Vê à sua frente, na borda da piroga, as gotas de sangue que escorrem de seus cabelos. Quando foi que feriu a cabeça?

– Pedro?

Seu último pensamento: somente os mortos são heróis.

3

Nice, 15 de março de 1887

Minha querida Lhama*,

Esta é a última carta que escrevo de Nice. Fico feliz de pensar que a encontrará em tua nova pátria, criada por teus cuidados. Que ela deposite a vossos pés, teus e de teu Bernhard, minhas felicidades mais cordiais no início da nova vida. Segundo o que escreveste, a esperança parece ter se mudado para lá, para o Paraguai, junto com vocês. [...] De minha parte, duas coisas a assinalar: o Grande Carnaval Internacional de Nice acaba de acontecer, com um pequeno excesso de coisas espanholas, diga-se de passagem, e, na sequência, seis horas depois da última serpentina, outro motivo de excitação, um tremor de terra. As velhas casas bateram como moinhos de café. Meu tinteiro ganhou vida. As ruas se encheram de personagens assustados, semivestidos, sistemas nervosos perturbados por toda parte. Depois, esta noite, por volta das duas-três horas da manhã, fiz, pândego que sou, uma pequena ronda de inspeção pela cidade. Queria ver onde o

---

* Carta de Friedrich Nietzsche à irmã, sra. Elisabeth Förster-Nietzsche, que emigrou para o Paraguai em fevereiro de 1886 para seguir o marido, Bernhard Förster, que lá fundou uma colônia ariana e antissemita, Nueva Germania.

medo era maior. Os rostos! Os olhares! Em toda parte um pânico perfeito. Muitas coisas desmoronaram! Eu era o único alegre no meio de verdadeiros fantasmas e de peitos arfantes.

Espero o momento em que poderemos partir para Engadina sem morrer de frio. Esperarei até 10 de junho.

[...] Tempo encoberto e úmido, às vezes verdadeiros dias de inverno; um humor igualmente sinistro em mim, desânimo, perguntas sem resposta, absolutamente nada de bom no horizonte, nem homem, nem música, todas as funções animais adormecidas, constante dor nos olhos, caminhar é um fardo, cansado demais, mas não tenho mais nada para fazer. Houve semanas sombrias em que fiquei escondido em minha caverna como um urso mal-humorado. A que ponto estive doente, ninguém sabe, ainda bem. Continuo fraco. Careço de desejo.

Há muito tempo, afastei minha "literatura". Ninguém escreve uma obra-prima num estado de decadência. Escrever em plena aflição, física ou moral, só pode produzir uma filosofia e uma literatura aflita.

Aguardo o grande momento da colheita.

O inacabado, nele é que reside o dionisíaco absoluto. A perfeita paixão do imperfeito. Do infinito.

Minha querida Lhama, um abraço, a ti e a teu "conquistador da Nueva Germania", muito grande.

Friedrich Nietzsche

4

Preto

PRETO. Ele está mergulhado no breu absoluto. Acima dele, em torno dele, uma cortina se fecha sobre a floresta, ocultando todas as luzes, dos astros, das estrelas, da lua e do luar. As estrelas, Pedro, o que eles fizeram com as estrelas? Olhe para esse céu. Preto. Mais preto que a tinta que o diabo usou para escrever a história da tua porcaria de vida, Pedro.

Onde ele está? Tem a sensação de que a piroga mal se movimenta: ainda está no rio, mas o único olho que consegue abrir, pois o outro está coberto de sangue seco, revela uma água preta. No alto, as árvores se entrelaçam e abraçam, criando uma abóbada vegetal que mascara o céu. Impossível avaliar a distância que o separa das margens. Nenhuma sombra. Nenhum reflexo. Embarque para o Érebo!

Silêncio, também. Nenhum canto de pássaro, nenhum grito de macaco. O macaco-da-noite se cala. Nenhuma cigarra emite seu zumbido e, estranhamente, as rãs e os sapos também não coaxam. De mau agouro, aquele silêncio! A floresta se calara antes do ataque dos Arums. Pedro chamara sua atenção para isso, preocupado.

— Está ouvindo, capitão?
— Ouvindo o quê?

— O silêncio, capitão... Nada, não se ouve absolutamente nada: os animais pararam...

— E?

— Como se estivessem com medo! Entendeu, capitão?

— ...

— Alguma coisa está acontecendo... Aqui, a floresta não é como em outros lugares...

O rosto de Pedro, geralmente tão comunicativo, estava fechado e anuviado. Virginio percebera em seus olhos negros uma movimentação nervosa e angustiada. Ele olhava para as árvores a alguns metros de distância, como se esperasse que o tranquilizassem. Pedro estava assustado? Quem diria!

Pedro não estava mais ali. Ele estava sozinho na piroga, sozinho nas trevas.

E o silêncio continuava.

Os Arumgaranis o teriam seguido pelo rio? Preparavam-se para atacar de novo? Para matá-lo? E, por que não, comê-lo? Ele não enxerga nada: escuridão aqui, escuridão ali, um único olho aberto, impossível virar a cabeça: ele não enxerga nada, e está com medo! A *cobardia* de Pedro o contamina!

5

Nice, 10 de abril de 1887, véspera de Páscoa

Minha querida Lhama,

Em primeiro lugar, uma omissão. Em minha última carta, esqueci de dizer algumas palavras a respeito da música do *Parsifal*. O cavaleiro do cisne! Espantada? Pois bem, sim, ouvi o prelúdio. Onde? Em Monte Carlo! Muito estranho! Não posso evocá-lo sem um abalo interior, tanto senti minha alma elevada e sã. A melhor coisa que me aconteceu em muito tempo.

A força e o rigor do sentimento, indescritível. Não conheço nada que apreenda o cristianismo com tanta profundidade e que leve tão abruptamente à compaixão. Totalmente sublime e comovente. O eco musical do infinito, o senso do trágico, do sofrimento e da grandeza do sofrimento, a paixão do mistério, a noite do mundo que também é meia-noite e luz eterna. Será que Wagner jamais fez algo melhor?

[...] Fico contente com as novidades, em saber que a instalação no Paraguai vai bem e que te recebem como uma grande dama.

Teu Fritz

6

Branco

BRANCO. Um branco calmo e sereno. Depois de uma noite de intensos sofrimentos, o brilho matinal da floresta. A bruma, espessa, algodoada, cheia de gotas em suspensão, envolve as árvores e o rio. Envolve a piroga. Ele se sente mais perdido naquela nuvem branca do que nas trevas da noite anterior. Pássaros cantam à direita; macacos guincham à esquerda: a floresta volta a falar.

Uma imagem lhe volta à mente.

Um pouco mais cedo, ao alvorecer, talvez há uma hora, um dia, ou outra manhã, ele não sabe mais, ele abriu um olho. Foi um sonho? Na margem, em meio à bruma branca, numa trilha larga, ele viu um cavalo.

Um cavalo na selva! Branco, com as pernas mergulhadas no rio até o peito, o pescoço ereto e alto, a cabeça luminosa, a fronte clara, as narinas dilatadas e a crina ampla caindo sobre o dorso. O animal o via deslizar pelo rio, imóvel como uma estátua antiga de mármore proconésio.

Havia um cavaleiro também. Tao ereto e imóvel quanto sua cavalgadura. Um branco. Não era um índio, não era um negro, nem um bastardo de *castas*, de *zambos* ou de *cholos*; não era um guarani, não, um *gringo*, um branco. O que fazia naquelas terras desconhecidas? Naquelas terras de que nenhum branco civilizado jamais se aproximara, zonas em branco nos mapas geográficos mais rigorosos?

Ele mesmo havia chegado onde ninguém havia ido: mais longe que o coronel Casas, mais longe que o norte-americano Robertson, que o argentino Meyer, sempre mais longe na floresta selvagem e profunda, mais longe que a expedição Morris, que a coluna de Launay. Então quem era aquela figura branca no meio da bruma branca? Toro Pichaí, seria ele?

Uma espécie de casaco comprido e escuro, cinturado e elegante, com um colarinho alto como ele vira em revistas europeias. Uma espécie de redingote cheio de botões dourados. Saindo desse colarinho, um longo pescoço magro encimado por uma barba espessa e escura, suíças volumosas, um olhar claro mas severo, um chapéu largo de abas retas. Curiosamente, aquele rosto altivo não olhava para ele, parecia preocupado com as árvores e suas copas, procurando o sol atrás do véu branco, como se esperasse que um raio luminoso descesse àquele inferno. Seria Toro Pichaí? O diabo em pessoa? Em seu cavalo Áticos? Mas Áticos era preto como a morte, não?!

Entre os sons selvagens da floresta, não havia cantos que acompanhavam aquela aparição? Um coro? Vozes de mulheres e de crianças, em uníssono. Ele juraria também ter ouvido as cordas secas de um piano. Notas sustentadas e abafadas. Um curioso toque de clarim, inesperado e mágico: seria uma parte encantada da floresta? Aquele nevoeiro seria sua mortalha? Estaria entrando no Inferno luminoso reservado aos guerreiros e descobridores de mundos? Mas que Eurídice viria buscá-lo?

As mesmas vozes de novo! Que cantavam um *aleluia*!

E ao longe, também branco, sobre as águas, não havia um cisne? Ou seria uma sombra?

Sombras brancas existem?

Primeira parte
A EXPEDIÇÃO MIRAMONTES

1
O diário de bordo

[NOTA*: o que vem a seguir foi retirado das primeiras páginas do diário de bordo do capitão Virginio Miramontes. O destinatário principal desses escritos, segundo o capitão, seria o subministro Riveron, chefe dos exércitos do Paraguai do Leste sob o regime do presidente Escobar. Afirmação que deve

---

* O diário do capitão Miramontes foi descoberto no Goethe-und Schiller-Archiv em abril de 1947 pelo dr. Brumhard. Ainda não se sabe com certeza quem foi o redator dos comentários que o acompanham (aqui entre colchetes). Estes foram escritos em alemão e, segundo o professor Meyerson, da Universidade de Friburgo ("Deutschland und Paraguay 1933-1937", in *Historische Zeitschrift*, nov. 1948, p. 35-49), que sugere a hipótese de que o autor seria o próprio dr. Förster, eles seriam mais ou menos contemporâneos ao texto original. O professor Suarez, da Universidade de Buenos Aires, por sua vez, sugere uma data mais tardia para esses comentários, entre 1920 e 1930 (Alfonso Suarez, *El Salvaje Utopia*, cap. 3 e 4, Ed. Roja, Buenos Aires, 1968), imaginando que seu autor poderia ser a sra. Elisabeth Nietzsche-Förster ou o conde Kessler, com uma preferência por este último. Essa hipótese seria a mais verossímil, segundo o professor Vibert (Universidade de Lausanne – "Elisabeth Förster Nietzsche und Nietzsche-Archiv", in *Archiv für Geschichte der Philosophie*, dez. 1969, Berlim), e foi confirmada pelo professor Modiano (Universidade de Bolonha – "Il Mistero Virginio Miramontes", in *Guerra Infinita*, edição Universidade de Padua, p. 67-78, Pádua, 1978). Ver também os trabalhos do professor Mulchin, da Universidade de Ottawa (John H. Mulchin, *The German Colonies in South-America, 1813-1914*, Canadian University Edition, Ottawa, 1967, p. 25-28). De resto, a hipótese Kessler foi recentemente posta em dúvida por James Camron, doutor em grafologia (Universidade de Oxford), em sua obra sobre os documentos falsificados pelos propagandistas do III Reich (*The Great Literary Lie of Nazism*, Londres, Cambridge Edition, 1997).

ser considerada com precaução, pois o capitão Miramontes parece querer se justificar e designar mandantes. [...] O diário de bordo é composto por oitenta páginas encadernadas. Capa dura. O conjunto sofreu danos importantes, seja porque foi molhado, seja porque foi alterado pela umidade da floresta. Manuseá-lo requer infinitas precauções (ver as recomendações do professor Muller* a esse respeito). [...] Onze páginas sofreram degradação intencional, foram parcialmente apagadas ou raspadas de propósito por algum motivo ainda desconhecido. Outras foram arrancadas ou caíram do conjunto. A borracha utilizada para o apagamento deixou alguns vestígios, e o raspador chegou a furar o papel em alguns pontos (ver p. 15-16 e p. 50-51). Segundo o professor Muller, indicações topométricas e topográficas teriam sido o objeto desses apagamentos. O mesmo professor conseguiu, com o procedimento químico apropriado, identificar algumas palavras apagadas. A palavra "medo" foi apagada duas vezes; "renúncia", três vezes; "redenção", três vezes também; "Toro Pichaí", cinco vezes...]

3 de dezembro de 1887 – Sucre, Bolívia

Finalmente chegamos a Sucre, a "ciudad de la plata" (cidade da prata), ou "choquechaca", a "ponte de ouro" em quéchua: a ponte para a fortuna! Sucre, cidade pobre, suja e fétida, sem rua e sem luz, sem pensão ou albergue digno do nome, sem

---

* Aqui também, várias hipóteses se desenham: pode se tratar de Immanuel Muller, historiador e professor da Universidade da Basileia de 1881 a 1912, que por algum tempo foi colega do professor Friedrich Nietzsche, filólogo (J. Mulchin). Pode se tratar também de Fritz Muller, professor de filosofia da Universidade de Friburgo de 1926 a 1937, próximo do conde Kessler (E. Vibert). Ou Loyola Muller, da Universidade de Buenos Aires de 1924 a 1929, especialista em Paraguai (A. Suarez). Note-se que não havia nenhum Muller entre os colonos de Nueva Germania.

palácio do governo, sem teatro, sem transporte, exceto velhas mulas e uma dezena de carroças, cidade terrosa, e rosada quando o sol se põe, ao fim da tarde, atrás de Churuquella e Sisasica, as duas montanhas que a cercam. Pentland, quando ainda era delegado regional do periódico *La Connaissance des Temps*, localizou Sucre a 19º 03' de latitude S e 64º 24'10" de longitude O de Greenwich, bem como a cerca de 3 mil metros de altitude. Entretanto, suas medidas foram seriamente contestadas. À espera de novas medições, parece que a posição exata de Sucre, a maior cidade da Bolívia, permanece desconhecida. Belo ponto de partida. A floresta está logo ali, atrás das montanhas, em toda volta, ou melhor, o desconhecido, ou quase isso. Lá, os altiplanos estão à nossa espera.

Encontro com o governador Sainz: cinquenta anos, homenzinho redondo, em perpétuo movimento, o rosto coberto por uma barba ruiva quadrada, olhos fugidios. De uma tolice singular. Ele nos promete salvo-condutos para os próximos dias, mas sua confusão é tamanha que sou eu que lhe dito os termos de nossa missão: "cartografia da bacia superior do rio Baranui e estudo de uma via norte-noroeste Paraguai-Bolívia pelos altiplanos". O subministro Riveron não o informou de nosso verdadeiro objetivo. Melhor assim, sem dúvida.

9 de dezembro de 1887 – Sucre, Bolívia

Nossa coluna enfim se formou. Ela conta com o sargento Garzon (Pedro), antigo membro do 7º batalhão que está comigo desde a batalha de Estero Bellaco, mas também com dois antigos suboficiais da guarda boliviana, Francisco Mendoza e Julio Del Toro, homens secos e bastante alegres, principalmente Francisco, porém levemente inclinados à bebida. Ontem, Pedro precisou arrastar Julio por toda a Gran

Via até o acampamento que instalamos às portas da cidade. Incapaz de caminhar, falar, pensar, ele fedia a chicha a uma légua de distância. Pedro e eu precisamos ficar de olho neles. Também temos quinze carregadores locais (peões e *llameros*), principalmente bolivianos (recusamos os paraguaios o máximo possível, por motivos óbvios), dois batedores *chicanos*. De equipamentos: três fuzis M.H., uma espingarda de caça com percussão central, canhão Choke Bored, calibre 17,8 mm (uma maravilha), três cães (Ulisses, Percy, Árgon), cinco cavalos, trinta mulas, três lhamas (que pertencem a um dos *llameros* que não se separava delas por nada no mundo), dez animais para carne.

Quanto a mim, meu equipamento se reduz a uma Winchester calibre 44, uma câmera fotográfica de colódio, um barômetro holostérico, uma luneta Rochon, um sextante e uma bússola niveladora com lunetas estadimétricas de tipo Goulier e uma alidada holométrica. Tudo me custou uma pequena fortuna, mas graças a isso parecemos verdadeiros exploradores.

Estamos prontos.

10 de janeiro de 1888 – Sucre, Bolívia.

Nada, ainda nada. O governador nos garante que as ordens assinadas devem chegar em pouco tempo; os salvo-condutos também. Mas nada chega. Estamos absurdamente presos ao chão dessa cidade vazia. Olho para a floresta, para as montanhas que a encimam, ouço-a todas as noites, cheia de gritos zombeteiros, e me pergunto quando finalmente poderei penetrá-la. Um dos batedores *chicanos* desertou. O mais velho; e sem dúvida o mais experiente dos dois. Ele voltou para a floresta, para junto dos seus, imagino. Vejo também que uma boa dezena de carregadores trouxe a mulher e os filhos para o acampamento, que se transformou num grande bazar. Bundas de fora correm por todos os lados, atrás dos cachorros e das mulas. Pedro prageja e vocifera para restabelecer uma ordem modesta e uma higiene correta. Estamos longe da rigidez e da ordem da caserna San Sebastián. A impaciência triunfa e é preciso desinfetar tudo com ácido fênico a cada dois dias. E Julio nunca fica sóbrio.

2

Nice, 20 de fevereiro de 1888

Minha querida Lhama,

Pedes notícias minhas, gentilmente. Estás preocupada com minha saúde. Até agora, não tenho nada de realmente bom a contar. Meus dedos azuis de frio não escrevem, as palavras sairiam entorpecidas e duras. A obrigação de construir um edifício literário nos próximos anos pesa sobre mim com muita força. Fica sabendo que o quarto andar da pensão onde emergiram a terceira e a quarta partes de meu Zaratustra foi completamente destruído depois que o tremor de terra da primavera passada o abalou profundamente em todos os sentidos. (A terra ainda treme de tempos em tempos.)

Tudo oscila tanto em minha vida com essa saúde abominável! Se as coisas não melhorarem para mim nos próximos dias, minha intenção é tentar uma cura de água fria em Brestenberger.

Estou encantado com o que dizes sobre teu pequeno principado do Paraguai, das suntuosas florestas, do comércio de madeira que vocês começaram com a Argentina, encantado de ver que tua casa se tornou uma espécie de ponto de encontro para toda a sociedade do Paraguai, que nunca tens menos que *catorze pessoas à mesa... E que pessoas! Presidentes, ministros, embaixadores, médicos de renome. Parabeniza, por favor, o dr. Förster por seus talentos de negociação.*

Fritz.

P.S.: Como prometido, envio minha gravura de Dürer, O cavaleiro, a morte e o diabo. *Dei uma igual a Wagner.*

3

3 de fevereiro de 1888 – [As três páginas anteriores estão ilegíveis devido ao contato com a água]

[...] mais duas mulas rolaram e caíram no precipício. O caminho, bastante escarpado, estava escorregadio devido às chuvas incessantes da véspera. Com uma dessas mulas perdemos 30 quilos de farinha de milho e carne seca. Com a outra, perdemos a ordem na fileira dos animais: ela era a *madrina*, a madrinha, com seu sininho que guiava e conduzia todo o pequeno grupo. As duas escorregaram no vazio, suavemente, sem nenhum grito antes ou depois da queda.

Às três horas da tarde, a altura barométrica é de 685 milímetros e o termômetro marca 26 graus centígrados à sombra.

7 de fevereiro de 1888

Avançamos com dificuldade. O caminho se torna impraticável: chuvas constantes e estado deplorável da trilha coberta de pedras quebradas. Hoje: uma cascavel e vários *garrapatas*. Detesto esses bichos.

15 de fevereiro de 1888

Às duas horas da tarde, a trilha desaparece. Uma parede vegetal surge em seu lugar, como uma muralha. *Cactus, mangara, mantico, caraottas* e outras: uma floresta de agulhas, barbas e espinhos. Alguns homens da tropa falam em dar meia-volta. Precisei elevar a voz. Eles só entendem as relações de força.

Avançamos a golpes de facão, picareta, pá. Uma légua por dia, às vezes duas. Nossas roupas e nossas peles são rasgadas pelas folhas das *unhas-de-gato* – e cada metro percorrido exige sangue e suor.

4

Nice, 4 de março de 1888.

Querida irmã,

Nada mais será impresso por um certo número de anos. Não é o momento de escrever. Não concluo nada, nem meus livros, nem minhas frases, nem meus pensamentos. Preciso absolutamente voltar para mim mesmo e esperar até que eu possa sacudir o último fruto de minha árvore.
O frio não é meu inimigo.
Wagner dizia que eu era um músico fracassado. Por esses dias, pergunto me se não sou um escritor fracassado, um cientista fracassado, um filósofo fracassado. Nada sai. Nada entra.
Uma filosofia como a minha é como um túmulo: impossível viver com ela. Há dez anos, criei puras obras-primas, cheias de espírito, de uma raridade e de uma novidade muito além do normal. Meus escritos futuros devem ser comparados a meus escritos passados. Disseram (o excelente sr. Taine) que minha obra se assemelha aos carros que levam uma bandeira negra para assinalar a carga de dinamite que transportam. Alguém para conduzi-la? Estou sem três quartos da visão.

Tenho 43 anos atrás de mim e estou tão sozinho quanto quando criança. Minha vida é um longo definhamento.

Teu Friedrich

5

18 de fevereiro de 1888

Contato indígena. Finalmente! Com os Tobas. Um grupo de quinze indivíduos, homens e mulheres, duas crianças, totalmente pacíficos e embotados de coca. Eles pescavam numa pequena praia. Magatides, nosso batedor chiricano, interrogou-os um pouco, guiado por mim. Eles mencionaram uma tribo que vive perto da zona dos altiplanos, o que corresponde bastante bem aos Arumgaranis descritos por Ramos [Notas: o professor Muller identifica o cabo Jorge Ramos, do recenseamento efetivo do 7º batalhão comandado pelo sargento-major Benitez e pelo capitão Miramontes.] Eles estariam a quinze ou vinte dias de marcha. São mencionados com vozes apavoradas: são ferozes, dizem. E canibais. Não são homens. E o mais inesperado: o mais velho do grupo veio à frente e tomou a palavra para contar que um *rompuyi bei* está à frente deles. *Rompuyi bei* quer dizer "rei branco" em tobas. Foi difícil esconder a excitação, principalmente porque Magatides não entende meu interesse por essa tribo. Mas o velho continuou: também disse que é um rei louco e cruel. Que os altiplanos agora são evitados por todos os índios. Que o medo reina na floresta. Interrompi a conversa, apesar da vontade de saber mais: Magatides empalidecia a olhos vistos. A preocupação não pode contaminar a coluna. Quinze dias de marcha para os índios: o dobro para nós, com certeza.

20 de fevereiro de 1888

Os bolivianos têm os olhos cada vez mais sombrios. Francisco surpreendeu-os tramando um complô, várias vezes, com cochichos e gestos camuflados, o olhar desconfiado se voltando para mim ou para Pedro. Magatides disse alguma coisa? Contou do "rei branco"? E o que eles querem? Voltar para Sucre? Estamos apenas na primeira metade de nosso périplo, mas o sentido inverso não existe. Não existe mais. Dar meia-volta, numa floresta tão compacta e escarpada, seria fatal. Pedro me disse que eles têm medo, apenas isso. Medo da floresta e do desconhecido. "*Cobardia*", ele repete com uma careta de desprezo. [...] [Cinco páginas apagadas pela água ou pela umidade da floresta. Manchas nas outras páginas.]

4 de março de 1888

[...] [Palavras apagadas] um de nossos carregadores (um dos bolivianos) morreu esta noite: gritos e gemidos, febres e desmaios. Ele não tem [...] [palavras apagadas] de uma cascavel, há dois dias. Muitos charcos por aqui. Novo atraso.

7 [ou 9] de março de 1888

Cinco carregadores fugiram (bolivianos). Encaminham-se para uma morte certa, mas isto sem dúvida lhes parece melhor do que o inferno que vivemos há alguns dias (charcos, charcos e mais charcos). Ou do que o triplo inferno prometido por suas superstições e magias se continuarmos a nos embrenhar nessa região desconhecida que [...] [palavras apagadas]. E mais: eles não sabem para onde vamos nem o que faremos. Se soubessem, fugiriam voando. Há fantasmas mais temíveis do que os das histórias fantásticas!

6

10 de março de 1888

A fome e a sede começam a nos torturar. Nossas reservas chegaram ao fim há três dias: o último boi foi roubado na noite de segunda para terça-feira, provavelmente por um puma [...] [palavras apagadas, umidade] três mulas, de medo, forçaram as cordas e voltaram sobre seus passos; com elas se foram nossos últimos dez sacos de milho e mandioca, e nossas três últimas reservas de água. Depois de três horas perdidas tentando encontrá-las, voltamos ao acampamento. O desânimo [...] [palavras apagadas].

11 de março de 1888

Sede, constante e crescente. Por mais que cavemos, com as unhas mesmo, tudo está seco. Três mulas deixadas para trás, outra sacrificada, desmembrada e assada. Nenhum carregador quis comer: apesar da fome, apesar da sede. Somos selvagens, eles pensam. Pouco me importa! Que vão para o diabo!

14 de março de 1888

Sede. Um morto, duas deserções. Para onde vão esses cretinos? O que pensavam? Que a aventura estaria cheia de coisas boas? Precisamos avançar! Segundo Pedro, estamos a quinze dias de marcha da zona que buscamos. Se Ramos tiver dito a verdade. Quinze dias de marcha na direção dos altiplanos. Precisamos empurrar os carregadores, gritar, deixá-los na mira das espingardas. Bater também.

15 de março de 1888

Libertação. Esta manhã chegamos a um pequeno rio de águas escuras. Água, finalmente. Magatides a sentiu antes mesmo de vê-la. Nós o vimos subitamente virar para o sul, num passo apertado, esgueirando-se pela vegetação, gritando "*taraui, taraui*", "água, água". Francisco, sem entender, correu atrás dele com dificuldade – foi quase cômico –, ordenando que parasse. Estava convencido, como todos nós, que ele nos abandonava, como a maioria dos carregadores bolivianos, e estava disposto a matá-lo; depois os gritos de ambos cessaram. Chamei por eles; Julio também. Silêncio, até que, depois de um tempo, um chamado de Francisco, calmo e entusiasmado, se fez ouvir. À frente dele, o rio, tranquilo e lamacento, se mostrava, parecendo nos esperar há séculos.

Que rio é esse? Pedro pegou seus mapas, que são inúteis: estamos em pleno território inexplorado, terras virgens *incognata*. Uma ponta do Inau, talvez, ele sugeriu, porque suas águas são negras e sua bacia inexplorada. [Em guarani, *hi* significa "água" e *nau*, "negro".] O Inau, o último rio em que Morris, em 1876, acampou e fez meia-volta, pois sua coluna fora vencida pela febre e pela fome, enfraquecida por deserções. Mas duvido que seja o Inau. E se fosse o "rio azul" descrito pelo cabo Ramos durante o interrogatório? Seria este o início de Kandirui, "a terra sem mal", dos Arumgaranis? [...] [Palavras apagadas.] Os Arumgaranis andam quase sempre nus, têm a pele pálida, às vezes branca, a silhueta alta e fina, o corpo depilado, a cabeça raspada e calva, o queixo imberbe permanentemente coberto por uma maquiagem negra em tempos de paz, vermelha em tempos de guerra. Seu território, onde reinam sem rivais, é chamado de "Mborebi Resa" (olho de anta), e seu *mburuvicha* ["chefe", em guarani], antes de ser deposto e assado, se chamava "Mdarui Feza" (coruja velha) [...] [palavras apagadas.] Ramos contou que Toro Pichaí pacificou as principais aldeias dos altiplanos em menos de uma semana. Estamos perto, sinto-o; talvez já tenhamos chegado, embora os altiplanos estejam a quatro ou cinco dias daqui. Uma inquietude e uma excitação que escondo dos outros me invade. A prudência é de bom-tom: não temos a menor ideia do que vamos encontrar.

Ordeno que deem de beber aos animais e montamos um acampamento improvisado.

Mosquitos por toda parte: pele coberta de picadas. Pés vermelhos e inchados também.

17 de março de 1888

Toro submeteu tribos inteiras. Incentivou o estupro. As guerras fratricidas. Os banquetes de figos e de carne humana. Tingiu de sangue inocente as águas dos altiplanos, eviscerou mulheres e crianças, maculou a floresta que não prodigaliza mais caça abundante, a anta se esconde, o macaco foge, ele corrompeu os costumes dos jovens rapazes, modificou sua arte da guerra, da caça, da pesca; Toro Pichaí levou-os a maldizer os espíritos que eles glorificavam, apresentou-os ao álcool e à bebedeira, ensinou-os a se prostrar diante dele, a rastejar e a comer a terra, a adorá-lo, convidou-os para festas sem fim; a amar a morte e a guerra, a permutar as mulheres e os homens, a fornicar por vezes ou sempre, a fazer dietas sem fim; dão-lhe o nome dos mais antigos demônios da floresta... Toro Pichaí é um pesadelo, quem sabe; com certeza, até! E daí? Acorda-se dos piores pesadelos, acordaremos deste. Não temo Toro.

7

Março de 1888

Querida Lhama,

Alguns versos:
"Ah! Tu que corres pelas florestas virgens,
entre feras sarapintadas,
sadio, colorido e belo como o pecado,
com lábios lascivos,
divinamente zombeteiro, divinamente infernal, divina-
mente sanguinário,
que corras, selvagem, rastejante, mentiroso..."

F.N.

P.S.: Por muito tempo, perguntei-me sobre uma nova linguagem para essas coisas que tenho a dizer.

8

19 de março de 1888

É preciso dissimular: novas observações topométricas a partir de uma pequena falésia acima do rio: [...] [palavras apagadas]. Vejo que estamos muito mais longe do que eu pensava; muito mais a leste e muito mais ao sul. Claro que tais medições, nas circunstâncias, são imprecisas e precisariam de outras medidas e confirmações. Falta-nos tempo. Francisco, durante uma de suas caçadas (da qual voltou de mãos vazias), notou uma grande concentração de árvores da seda; são conhecidas pela maciez de sua madeira. Decisão de construir duas pirogas. Duas árvores de boa dimensão são derrubadas, talhadas, escavadas. Somos apenas oito: Francisco, Julio, Pedro, Magatides e três carregadores bolivianos descarnados, queixosos, acometidos ainda por cima pelo *sorochè* há uma boa dúzia de dias [febre da floresta. Segundo o *Oberstartz* Heine*, um tratamento preventivo é necessário]. Um deles, tomado de febre, se atirou nu no

---

* O professor Meyerson observa que pode se tratar do dr. Heinrich Heine, oficial de medicina do *Nachrichtendienst* (serviço de informação do III Reich) de novembro de 1932 a abril de 1938. Note-se que ele esteve na origem da decisão de Adolf Hitler de enviar terra alemã para o Paraguai para honrar o túmulo de Bernhard Förster ("Deutschland und Paraguay 1933-1937", *op. cit.*, p. 15), em novembro de 1931.

rio, esta manhã, apesar de nem saber nadar. É um milagre que Julio e Magatides tenham conseguido tirá-lo de lá. Os doentes atrasam a coluna. Descer o rio parece ser uma boa solução. Se ele continuar correndo para nordeste, claro.

Duas mulas foram sacrificadas, desmembradas, e sua carne, defumada.

25 de março de 1888

Hoje, pausa na descida no rio, atracamos. Nenhuma caça em vista ou ao alcance de tiro. O desespero triunfa. Tudo é parecido. Onde estamos?

2 de abril de 1888

Por volta das cinco horas da tarde, escala numa pequena enseada tranquila a que Pedro dá o nome de El Suspiro. Novas medições. Dessa vez, subo numa árvore suficientemente alta e limpa para me manter acima da floresta. Uma espécie de *vouacapoua*, velha e nodosa, repleta de formigas pretas do tamanho de um polegar. A subida é perigosa (teodolito, binóculos, bússolas e sextante no alforje), vários galhos carcomidos cedem sob meus pés, e por duas vezes me vejo pendurado no vazio como um macaco-aranha. Finalmente, chegando ao alto, constato que o rio nos afasta de nosso objetivo: norte-nordeste, sempre mais para dentro da floresta. Na hora de descer, uma surpresa. A sudeste, uma coluna de fumaça branca e densa; distante, talvez a duas ou três léguas, ou a meio dia de navegação e um pouco mais de caminhada; a excitação é grande, ao menos para Pedro e para mim.

Decisão tomada de estabelecer contato. Vejo nos olhos de Francisco uma incompreensão, e mesmo uma preocupação.

Pedro quer mantê-lo a par de nossa real missão. Desaconselho-o firmemente.

Verificamos o estoque de armas e pólvora.

4 de abril de 1888

Quatro horas da tarde. As fumaças sumiram; nenhuma trilha, a floresta é um muro compacto quase intransponível. Nossos víveres estão quase acabando. Daremos meia-volta. Amanhã.

5 de abril de 1888

Nova pausa na descida do rio. Augustino, nosso último boliviano, parte para a floresta para se aliviar. Está sofrendo do mal vermelho. Esperamos por ele um quarto de hora, depois meia hora: nada. Nenhum sinal. Francisco se impacienta, parte em busca dele com nossos três últimos carregadores e Magatides, o batedor, deixando-me sozinho com Julio e Pedro; eles voltam uma hora depois, de mãos vazias: nem sinal de Augustino. Magatides seguiu uma trilha com seu rastro, mas perdeu-o depois de uma caminhada de meia légua. Leio estupefação em seu rosto, e ele não para de olhar para a floresta de maneira oblíqua, como se, de repente, ela lhe escapasse. Alguma coisa o preocupa. Conhecendo o sujeito, preocupo-me também.

Agora são quatro horas da tarde, ou seja, faz cinco horas que Augustino deixou a embarcação, e continua desaparecido.

A noite caiu. Ele está perdido para nós, precisamos partir. Contemplamos a floresta com apreensão. E ela, também nos observa? Fixo a posição astronômica do lugar em que nos encontramos: [...] [números apagados].

6 de abril de 1888

Nada. Nenhum indígena. Atrás de nós, as colunas de fumaça desapareceram. O rio se torna instável. Estamos reduzidos a cinco exploradores. A floresta é funesta: suja, confusa, constantemente emanando um cheiro de podridão e uma confusão sonora.

8 de abril de 1888

Novas dificuldades. Hoje passamos por três corredeiras, uma delas particularmente torrencial. A cada vez, precisamos colocar o pé em terra firme, levar as pirogas para um lugar seco, abrir a machado e facão um caminho pela margem e voltar à água depois de passado o perigo. Impressão de não estar avançando. Um saco de pano com os últimos pedaços de carne caiu da embarcação ao nos aproximarmos da última corredeira. De todo modo, apodrecia a olhos vistos.

    Os altiplanos estão bem visíveis. A alguns dias de caminhada.

9 de abril de 1888

A presença de ferro magnético se tornou importante; de cada lado do rio, erguem-se paredões ocre que enlouquecem as bússolas. Não temos mais norte.

    No topo dessas falésias, maciços poderosos de *bodabals*: ou "*bobos*", como diz Pedro. A topografia, a vegetação, os gritos da floresta, e mesmo seu cheiro, mais úmido, mudaram subitamente. Mais densa, mais opaca, mais sufocante.

    O desânimo é perceptível em todos os rostos; no meu também, sem dúvida. Estamos lentos. Muito lentos.

[...] [Cinco ou seis páginas desapareceram, deliberadamente arrancadas.]

15 de abril de 1888

O "rio azul"! À frente, abaixo e em torno da embarcação o mesmo azul cafre descrito por Ramos [...] [palavras apagadas]. Agora sei: chegamos a Kandirui, lar dos Arumgaranis dos altiplanos. Por toda parte, borboletas de um azul iridescente se aproximam e se afastam, flutuando no ar ou sobre a superfície do rio que, com o sol, torna-se prateado. As árvores, nas margens, estão cobertas de borboletas, alguns galhos se vergam sob seu peso. Um rio improvável se oferece a nós. Estado de euforia para Pedro e para mim; Magatides, sem entender, ri junto conosco.

Azul o rio, azul a floresta, azul o céu, azuis Pedro e Francisco, sobre os quais as borboletas pousam sem medo, azul a piroga, azuis meus braços, minhas pernas...

21 de abril de 1888

Hoje, Francisco levantou uma questão: o rio turbulento, as corredeiras em sequência, as falésias que são como paredões, os caminhos abertos a machado e facão. Como voltaremos? Sem responder, penso mais uma vez que o sentido inverso não existe, que o retorno é improvável.

23 de abril de 1888

A fome se torna terrível. Nenhuma caça; e a pesca é impossível. Até mesmo Maga volta de mãos vazias. Chuvas fortes esta manhã; o rio sobe e se torna perigoso; decido recompor o acampamento, reforçá-lo, à espera de que as chuvas cessem.

24 de abril de 1888

Esta manhã, a fraqueza nos vence. Permanecemos deitados no chão, os cinco de nós, sobre nossos panos úmidos, o fogo apagado, Julio se queixa de dor de barriga... Em certo momento, Pedro olha para mim e diz: "Capitán, estamos morrendo". Sonhei com biscoitos de amêndoa. A chuva continua. Os crocodilos e as borboletas são lembranças distantes. Não encontramos a passagem que leva aos altiplanos.

25 de abril de 1888

Uma das pirogas desapareceu esta noite, sem dúvida levada pelas águas. Com ela, a maior parte de meus instrumentos: sextante, barômetro, alidada. Não é a única surpresa que temos: uma trilha é encontrada por Magatides. A poucas dezenas de metros de nosso acampamento. Não é uma simples passagem. Maga me mostra vestígios de passos na lama. Um homem sozinho, aparentemente: de maneira surpreendente, seus passos acabam no rio, numa pequena falésia. Como se o homem tivesse se atirado nas águas agitadas. Vejo surgir no rosto de Maga uma angústia intensa: ele me diz que o homem esteve ali esta noite. A poucos metros de nós. De repente, para mim, a floresta ganha vida. Ela tem olhos.

    Seria um Arum?

9

Nice, 5 de abril de 1888

Elisabeth,

Saiba que tua última carta me deixou profundamente triste. Julgas que teu irmão resiste a contribuir financeiramente para a prosperidade de teu pequeno reino no Paraguai, mas minha situação é muito pouco estável e meu banqueiro (tu o conheces, o bom sr. Kurbistein) me comunicou que não seria sensato que eu embarcasse nessa aventura. Há alguns dias, redigi a seguinte lista, de todo meu capital: quatro camisas, quatro camisas de dormir, três camisas de lã, oito pares de meias, um bom casaco, uma gabardine mais resistente, o paletó de inverno de Naumburg (ainda em bom estado, mas de uso muito raro!), duas calças pretas, uma calça muito grossa, dois longos coletes pretos, pantufas grossas. Meu roupão está consideravelmente rasgado e parece-me mais conveniente, para um estudioso como eu, não usar roupões.

O pior, em tudo isso, é que nossos desejos, teus e meus, tomam direções opostas. Dizes que cem pessoas já estão em atividade em teu lar: alegro-me. Que grandes famílias como a do barão Maltzahn de Mecklenburg estão entre elas, que vocês *se tornaram os maiores proprietários de terras do Paraguai, que mencionam o teu dr. Förster para uma próxima eleição presidencial da República paraguaia. Fico contente.*

Para isso, o pequeno principado de vocês deve ser uma colônia sem judeus, como já o repetiste. Se a obra antissemita do dr. Förster tiver êxito, ficarei calado, porque és tu; se ela fracassar, ficarei satisfeito com o fracasso de um empreendimento tresloucado. Os judeus são para mim, objetivamente falando, mais interessantes do que os alemães: a história deles está repleta dos problemas mais fundamentais. Sinto-me estrangeiro demais ao "espírito alemão" de hoje. A suas idiossincrasias endêmicas. Conto o antissemitismo entre uma delas. Se não tenho nenhum judeu entre meus amigos, tampouco tenho antissemitas entre eles.

Meu desejo, no entanto, é que auxílio lhes chegue da Alemanha, e que todos os antissemitas da Alemanha se unam a vocês, cheguem ao país da promessa, e nos deixem. Assim, e é isso que desejo, os judeus tomarão o poder aqui e em toda parte. Um alemão que, simplesmente por ser alemão, afirme ser mais do que um judeu, tem lugar em todos os asilos de loucos do mundo.

Saiba que, não mais por acaso do que por prazer, reli algumas linhas dos Devaneios de Parsifal *que teu marido escreveu. Lendo-os, compreendi que não tinhas entendido nada de minha doença. Nesses últimos anos, tu perdeste a razão. Agora penso das irmãs a mesma coisa que pensava Schopenhauer: elas são supérfluas, elas destilam contrassenso. De agora em diante, faço ouvidos moucos a tudo que vem de meus próximos.*

Nós dois nunca mais seremos irmão e irmã.

É tudo por hoje. Com meus melhores votos.

A ti e a teu marido antissemita.
Nietzsche

10

27 de abril de 1888

Retomamos a navegação. O rio, mais escuro do que o normal, cheio das chuvas e da lama preta das margens, está coberto de galhos, troncos, detritos que a todo momento podem virar a piroga ou quebrá-la em dois. Em certo momento, temos a impressão de passar por galhos calcinados levados pela correnteza. Ilusão ou vestígios de um fogo rio acima? Outra vez, a floresta parece revelar suas trilhas: arbustos e vegetação alta parecem ter sido cortados. Surpreendentemente, sem sinais realmente tangíveis, creio atravessar terras habitadas, creio sentir uma presença, uma iminência que [...] [palavras apagadas].

30 de abril de 1888

Hoje, nada; ou melhor, "nada a assinalar", segundo Pedro. Vazio absoluto. Mas precisamos nos manter absolutamente vigilantes. Chuva o dia inteiro. [O resto do diário se perdeu.]

Segunda parte
A Colônia

1

Paredes de madeira, que o cercam completamente, nuas; um teto branco; uma abertura para a floresta, à direita, sem janela nem vidro. O calor, pesado e úmido, e a luz do dia, amarela e insistente, sugerem o sol no zênite. O dia bem na metade. Abstraindo a fanfarra militar que desfila dentro de sua cabeça – trombones e bumbo, basicamente –, ele consegue adivinhar uma agitação lá fora: vozes, gritos, crianças, cabras e porcos. Aparentemente, alguém tenta domesticar o que parece ser uma vaca, uma vaca que escapa e faz o sujeito gritar numa língua que Virginio não consegue identificar. De qualquer forma, nada que se fale nas regiões percorridas por ele nos últimos dias.

Todos aqueles gritos se misturam à fanfarra e o fazem chorar copiosamente. Ele ergue a cabeça, sua nuca parece feita de pedra. O aposento em que está não é maior do que seu quarto de oficial na grande caserna San Sebastián. Uma porta pesada. Uma mesinha de madeira, com uma bíblia na escrita carolíngia e uma pequena bacia de louça branca cheia de água avermelhada. Em cima de uma cadeira, lençóis manchados de sangue.

Suas lembranças se embaralham. Ele consegue lembrar da piroga, das flechas, da lança... Ergue os lençóis (pano de cânfora espesso, costurado grosseiramente): uma faixa, amarelada e cheia de crostas, envolve o flanco e o ventre, a dor o invade na mesma hora. Ele toca o alto da cabeça: uma faixa semelhante a envolve, e de repente os trombones abafam o som do bumbo. Seus olhos ficam marejados, as pálpebras se fecham, soltando uma nova lágrima que molha o lençol.

Outra lembrança, ainda mais confusa: uma voz feminina e afetuosa murmurando algo, mãos frias tocando-lhe as costelas e a testa, e uma água morna lavando suas feridas. Ali, naquela cama; ontem, talvez.

O cansaço o vence. As pálpebras se fecham, os trombones se calam e, lá fora, a voz captura a vaca.

2

Vozes litúrgicas. No modo menor. Vozes de homens, graves, e vozes de mulheres e crianças que repetem uma espécie de refrão de sons rudes. Que língua é aquela? De repente, um pouco mais alegre, um aleluia. É manhã, o calor já está pesado, e aqueles *vocalises* fazem eco aos que ele ouviu quando estava à deriva no rio. Alguns gritos vêm da floresta: papagaios, arapongas, macacos. Um pouco mais longe, um machado corta uma árvore. Uma missa e seu coral em plena floresta, portanto.

    Ele se apoia sobre um cotovelo e todo seu corpo treme. Embaixo dos lençóis, os curativos foram trocados: quando? Por quem? Ausência de lembranças.

    Sentado, o quarto parece menor. Levantar-se; aproximar-se da janela e ver onde está, compreender o que o espera. Ele sente menos dor, mas seus pés mal conseguem sustentá-lo, seus olhos fixam o quadrado verde e azul que faz as vezes de janela. Um passo, dois passos, ele tem cem anos, na ponta dos pés, ele se concentra neles, seus olhos estão turvos, lá fora, sombras pretas e brancas, tetos cônicos aqui e ali, a cabeça que gira. A visão se ofusca, um paredão de luz o atinge subitamente, os olhos se franzem e fecham sozinhos, ele abre a boca para gritar, mas nada sai. "Aleluia", ele ouve! Com a mão para proteger os olhos, os dedos levemente afastados, a luz diminui, sombras aparecem, uma clareira cercada por pequenos chalés escuros e, no centro, uma espécie de estrado montado sobre algumas estacas. Reflexos ofuscantes indicam-lhe que um rio corre a poucos metros e que o sol já está alto. "Aleluia!" No estrado, uma silhueta aponta para o céu, para a terra, para a floresta e para o céu novamente. E prega um sermão, aparentemente com convicção e com talento, a crer pelo efeito que o orador produz em seu público: duas dezenas de homens e o dobro de mulheres e crianças. Todos balançam a cabeça, murmuram positivamente a cada uma de suas frases, adoram gritar "aleluia" assim que lhes é solicitado. A bruma aos poucos se desfaz e a visão de Virginio se torna mais nítida: todos flutuam em roupas grandes demais, têm bochechas e olhos encovados, os dedos finos e compridos, o olhar das crianças é vazio. Uma das menores atrai a atenção de Virginio. Seis anos apenas, agachado junto à saia preta da mãe, que o protege como a morte, nu e ossudo, trêmulo, hesitante, levando terra à boca com gestos lentos.

No estrado, a silhueta, alta e magra, é a do homem do cavalo branco, Virginio poderia jurar! A barba, o rosto seco e aristocrático, a sobrecasaca de botões de ouro... "Aleluia", "amém" e "eu vos saúdo, Maria". A assembleia eucarística se desfaz, a missa acaba, todos se dispersam. Ele se sente subitamente oprimido; seus dedos cedem, seu corpo pesa, ele cai, com vagar, observando que o pregador, que desceu do estrado com um pulo leve, agora caminha na direção de seu quarto, de sua janela, em sua direção, e parece vê-lo, dois grandes olhos de aço que se fixam em sua pessoa. Vê-lo, finalmente. Quem são todos aqueles homens? O que fazem no meio de lugar nenhum? Por que parecem morrer de fome?

Na floresta, o grito dilacerante de uma árvore que cai.

3

A PORTA SE ABRE COM FORÇA, e a grande barba que estava no cavalo branco entra sem cerimônia com um "Deus vos proteja!". E um sotaque forte. Germânico? Sim, é isso, eles são teutos: alemães e austríacos pululam cada vez mais na América do Sul. Virginio está no chão, engatinha na direção da cama, a cabeça girando como uma bússola descontrolada. O sujeito não tira a sobrecasaca, que lhe dá os ares de um Abraham Lincoln tropical, com o mesmo rosto seco e severo, a mesma barba escura, e grita em tom imperativo:

— Ajude, Katryn, ele caiu.

Virginio, impotente, observa a calma do homem, depois avista o rosto fino de uma jovem, ainda adolescente, loira e de bochechas rosadas; usa um vestido azul que a faz parecer uma pequena boneca de porcelana; ela o ajuda a se levantar e a ir para a cama. Seus gestos são delicados, mas firmes. Em momento algum Abraham Lincoln faz um gesto para ajudá-la; fica parado olhando pela janela — o vilarejo, a floresta e o mundo —, sem compaixão, à espera de que Virginio se sente.

— Sou o dr. Förster — ele diz num tom seco, sem olhar para Virginio.

Silêncio de Virginio, sem fôlego; silêncio de Förster, Katryn sai. Depois, após um bom tempo:

— O senhor é Virginio Miramontes, não é mesmo?
— ...
Silêncio.
— Capitão Miramontes, do exército paraguaio, ao que parece.

Förster tem um rosto de cera, sem expressão. Virginio, por sua vez, não diz palavra. Lá fora, um grito de araponga.

— E, se entendi bem, está procurando os índios dos altiplanos?

Os olhos de Virginio se imobilizam. Seu diário de bordo. Onde está? Em cima de mesa ele vê apenas a bíblia carolíngia. O sujeito sem dúvida roubou todas as suas coisas, leu seus relatórios, suas medições, mergulhou em sua mente, "filho da puta!". O outro continua:

— E pelo que vejo, o senhor os encontrou — diz ele, olhando para o ferimento de Virginio.

Ironia zombeteira. O sujeito já o exaspera, com seus ares de caudilho e sua maneira de se manter ereto, o punho fechado na cintura como se posasse para um pintor da corte, seu roubo manifesto e a leitura do diário de bordo, sua boa saúde que destoa da de suas ovelhas... De repente:

— O senhor esteve em Estero Bellaco, talvez? Sétimo batalhão, é isso? Meu Deus, que batalha deve ter sido! O coronel Diaz atacando os argentinos, que audácia! Duzentos cavaleiros contra cinquenta canhões de 90.

Ele fala em tom mecânico. Mas com grandes olhos hipnóticos.

— Batalha perdida de antemão. Dizem que o marechal Lopez sacrificou vocês! Por razões políticas; dizem que o coronel Diaz tornava-se cada vez mais crítico em relação a ele. Um aristocrata, ainda por cima, "*el sangre azul*", como dizem em Castela, o que obviamente não era o caso de Lopez.

Careta de Virginio. Dor atrás da cabeça. Cansaço que o invade.

– É assim que se acaba com o Antigo Regime por aqui – gargalha, sozinho, o estranho homem. – A tiros de canhão.

Olhar sonolento de Virginio.

O outro insiste:

– É verdade que os campos ficavam vermelhos com o sangue dos soldados? Com o sangue dos cavalos?

Os olhares se cruzam como espadas. As mandíbulas de Virginio se cerram. Falar com um civil sobre a guerra sempre foi algo sem interesse para ele. E de mau gosto. Os civis só veem sangue e fúria, gritos e lágrimas. Para o civil, a guerra é um drama. Na verdade, ela é uma tragédia. Elevada, superior, nobre. Que revela o que os homens são, que revela suas almas, suas entranhas e sua coragem. Só há beleza na guerra. Um ato é belo porque é audacioso. E onde está a audácia se não no soldado que enfrenta o fogo inimigo para salvar um camarada? Se não no cavaleiro que é derrubado da montaria por uma granada? Um ato é belo porque é leal. E onde se esconde a lealdade se não no soldado que obedece à ordem impossível? Se não no oficial que consola a viúva e o órfão? Um drama, a guerra? Por certo que não: a morte é o triunfo da coragem e da elevação das almas. O que pode entender disso esse mísero dr. Schuster... ou Foller? Ele não sabe mais.

– Qual o nome de sua mãe? – retoma o homem de sobrecasaca, subitamente.

Cenho franzido de Virginio, boca fechada. Sua mãe se chamava Sarah Lucia, ela gostava de vestidos com franjas, alisava os cabelos com imensos pentes dourados, cobria o rosto com um véu de renda, suave, fresca, sardenta, braços arredondados, perfume de amêndoas, cabeleira negra em cascata, ela tinha sido merendeira do Grande Exército antes de morrer no parto de seu irmão; ele tinha quatro anos. O que o sujeito queria com o nome de sua mãe?

– Tenho uma certa obsessão por nomes – continua o outro, alisando a barba –, e Miramontes, que é o nome de seu avô, não é mesmo, é um tanto perturbador.

"Ah?", pensou Virginio.

– Talvez o senhor tenha ouvido falar do decreto de Alhambra?

– Não – murmura Virginio, que se sente fraco.

Foi tomado por uma grande vontade de dormir.

– 1492. Na Espanha. Fernando de Aragão? O inquisidor geral Torquemada?

– ...

– Hum. Em 1492, Torquemada e a Inquisição proibiram o judaísmo e perseguiram os *cristãos novos*, os falsos cristãos.

E daí?, pensa Virginio. Förster percorre o quarto numa direção, depois na outra.

– Em Sevilha, uma história com uma família Miramontes causou grande escândalo. Uma família judia convertida à religião havia duas gerações. Ao que parece.

Ele levanta um dedo e fecha os olhos.

– Ao que parece – ele repete, murmurando. – Uma família de notáveis. O pai era juiz, acredito.

Os olhos brilham, a barba também. Os passos se aceleram.

– Mas o filho foi surpreendido lendo o livro de Satã.

Ele olha para Virginio para ver se ele entende a alusão. Mas não.

– A Torá! – explica o outro, os lábios arreganhados numa careta de ódio. – Os Miramontes foram arrastados para a rua; a multidão quis linchá-los, emparedá-los, mas Torquemada foi exemplar. Ele salvou a pequena família de falsos cristãos, restabeleceu a calma, mandou queimar a biblioteca do juiz, depois sua casa...

Ele sorri.

– ...depois o filho do juiz, depois a esposa e as filhas, e por fim o próprio juiz, imolado nas cinzas da família.

E num grito contido, muito agudo, articulado lentamente e com os olhos bem abertos:

– Purificação!

Virginio tem um sobressalto involuntário.

– Muitos *cristãos novos* migraram para a América do Sul, o senhor sabia? Vários foram queimados, no Brasil e na Argentina. Mas não no Paraguai, nem na Bolívia nem no Peru.

Um olhar demorado. Um longo silêncio. Por fim, Förster se vira e se prepara para sair do quarto, sem dizer palavra, mas se detém com a mão na porta:

– Claro que nem todos os Miramontes são judeus... E claro que não sou Torquemada.

4

FICHA DE CARACTEROLOGIA Nº 63

Redigida em 2 de junho de 1888
Objeto: Katryn Schimmer, 17 anos.
Função: criada de Frau Förster-Nietzsche.
Carta de adesão recebida em 15 de fevereiro de 1886, redigida pelo pai, Georg Schimmer, viúvo. Doente, ele deixa Katryn partir na frente. Somos informados da morte dele em junho de 1887.
Ódio judaico moderado. Fé cristã sincera e intensa. Membro voluntário e afetuoso.
Jovem dedicada e trabalhadora. Espírito de iniciativa de tipo 2.
Sensata, séria.
Grande ingenuidade e fraca curiosidade. Pouco talento organizacional.
Forte emotividade. Compassiva.
Raça ariana provável.

5

— Onde estamos?

A moça não fala.

— Paraguai? É isso? Bolívia?

Silêncio, olhar enviesado.

— E o rio? O nome do rio, pequena, qual é?

Nada. Ela sorri; cuida dele, com ternura, atenção, até delicadeza, mas não fala nada. Katryn.

Virginio acordou há três dias, mas continua perdido. Ele pode sair da cama, a porta permanece trancada pelo lado de fora. Não é um quarto, mas uma cela.

De resto, o ritmo daquela pequena comunidade parece bem regular. De manhã cedo, um sino bate, e, às sete horas, os primeiros golpes de machado e picareta, as primeiras carroças se fazem ouvir. Uma forja também, Virginio adivinha o sopro do fogo e as marteladas na bigorna.

Na mesma hora, a sombra do dr. Förster montado em seu grande cavalo branco se desenha diante de sua janela, partindo para as inspeções diárias, para dar ordens aos gritos que Virginio ouve mesmo quando o doutor está na beira do rio, a várias dezenas de metros do chalé. Aparentemente, a construção de algo importante anima aquele pequeno mundo.

No entanto, mesmo passando a cabeça de pescoço comprido pela janela, Virginio não enxerga nada.

E que rio maldito é aquele? Onde desemboca?

Por volta das onze horas, Förster volta e sempre visita Virginio. Ainda coberto de poeira, bastão enfiado na bota, ele conta, com a voz clara e distinta, que aquela comunidade é tudo para ele, que ele a carrega nos braços, que tem muitos planos para ela, que fará escola, que os candidatos para se unir a eles são legião, que o nome Förster está em todos os lábios da Alemanha, ou melhor, da Europa, que lá um mundo inteiro se apaga enquanto ali, na maior floresta selvagem da Criação, um outro surge. Virginio não responde.

6

Toro Pichaí

Coro

As árvores, a floresta, as montanhas e os rios, todos ouviram falar do terrível Toro Pichaí e de seu cavalo negro, Áticos. Ele é um herói? O mártir da pátria? Ou um ogro sedento de sangue? Um selvagem entre os homens? Tremei, pois ouvireis a história de Toro Pichaí!*

Concepción, 30 de abril de 1869.

Incêndios tingiam o céu de vermelho e longas línguas de fogo lambiam as nuvens. Nuvens negras carregadas de cinzas e gritos. Lágrimas, choros e súplicas. Ao norte, o palácio do Governador desabava em meio ao estrépito de um terremoto, e a oeste as reservas de San Juan e o grande mercado de animais ardiam em chamas. Cadáveres, aqui e ali, exalavam odores pútridos de carne queimada: cadáveres de animais – bois, mulas, ovelhas –, mas também de homens. Atrás de um amontoado de escombros, uma mãe carbonizada abraçava os dois filhos de encontro ao peito, gesto inútil diante das chamas, e seu rosto, ainda voltado para o céu, soltava um grito lancinante.

Mais adiante, na praça San Lorenzo, a igreja, abarrotada de homens e meninos da cidade, da guarnição, das estâncias,

---

* Canto popular paraguaio, início do século XX.

gritava de medo. Na rua, cerca de trinta *Acà Yboty*, mistura de soldados, piratas e mercenários, homens e mulheres de uniformes horríveis e rasgados, batiam nas portas a golpes de marreta e machado, pregavam longas tábuas, também gritando, mas de raiva e embriaguez, a embriaguez da chicha e das lágrimas, os rostos enegrecidos pelas fogueiras do meio-dia, pelas fogueiras das três horas da tarde, pelas fogueiras das cinco horas da tarde, as mãos vermelhas com o sangue do massacre e do sacrifício.

Acima deles, por uma espécie de ironia trágica, o frontão esculpido do portão da igreja contava a história dos martírios de San Lorenzo: o amor devoto por Sisto, o desinteresse, o abandono dos bens materiais, mas também o julgamento, a fúria de Daciano, o martírio e o fogo baixo e constante que o consumiu por horas. Aqueles bárbaros faziam ideia daquela simetria? Com os olhos injetados de sangue e zombeteiros, oblíquos, todos se encaravam, sedentos da carne que queimariam. Eles também brincavam, a boca aberta; e as mulheres, com o peito quase nu, o pescoço aparente e tentador, dançavam em volta deles, passavam de um homem a outro, matando a sede de álcool e de beijos selvagens. Dentro, súplicas; fora, gargalhadas!

Depois de uma hora de trabalho, eles chegaram a seus fins: todas as portas tinham sido lacradas. E como havia ordenado o sargento-mor, o grande, o terrível Toro Pichaí, todos os homens da cidade, notáveis, peões, operários, mercadores, funcionários, tivessem eles desafiado a pátria ou não, fossem eles fiéis ao marechal Lopez ou não, tinham sido levados para lá e estavam prestes a pagar caro pela desobediência a seu *comandante civil*.

Coro

Vejam quem foi Toro Pichaí, o Major Selvagem, o executor do trabalho sujo, implacável e meticuloso, frio, mais temido do que adorado por seus homens.

Curiosamente, os gritos na igreja diminuíram. Ou sufocavam, pensara o capitão Miramontes, ou aceitavam seu destino. Três carroças chegaram, trazendo feno e lenha, e descarregaram na frente do pórtico e das portas secundárias, em toda volta da igreja. O sargento Pedro Garzon acendeu tochas, que foram distribuídas a uma dúzia de soldados, e nenhum deles hesitou ou piscou, nenhum tremeu. Havia 230 pessoas lá dentro, Miramontes tinha o registro sob os olhos, com nomes e idades: Ernesto Dominguez, 35 anos; Tipo Almandro, 74 anos; Miguel Rajoy, 5 anos; Alvaro Rajoy, 8 anos; Pedro Garcia, 21 anos; Pablo Marquez, 12 anos...

Pedro ergueu os olhos para o capitão, que cruzou seu olhar e o sustentou; um gesto da cabeça, quase imperceptível, e o sargento se abaixou e acendeu as primeiras faíscas. As mulheres fáceis e seus amantes de um dia pararam de rir e gritar, todos se calaram. Ao longe, enquanto isso, na colina das pimenteiras, os três canhões do major Torres retumbaram, atacando os subúrbios com projéteis de dez ou quinze quilos. Buquês amarelos e vermelhos apareceram atrás dos prédios da grande caserna, acompanhados pelos gritos de alegria dos soldados do 5º batalhão. Como no desfile. A batalha havia acabado, mas era preciso aliviar os tanques de toda a munição que eles carregavam e que tinham tornado o avanço até a cidade difícil. Torres e seus canhões não matavam ninguém, mas eram os únicos.

San Lorenzo, ainda que de pedra, sob os arcos do pórtico, queimava de novo. A porta de madeira de caneleira pegara fogo imediatamente, exalando um perfume de especiaria. Dentro da igreja, os gritos recomeçaram, mais fortes, mais agudos, acompanhados de tosses e soluços. O inferno, pensava Miramontes, não perdia nada para a igreja de San Lorenzo! O calor! Ele deu um passo para trás.

De repente, atrás dele, do outro lado da praça, as mulheres da cidade, juntas formando uma fila, caminharam na direção do cemitério e de suas covas. Toro Pichaí, em pessoa, ereto e altivo em seu garanhão negro, o famoso Áticos, as precedia. De cada lado da fila, índios paiaguás, os piratas do rio, seminus, infames, feriam as mulheres com suas lanças. Elas marchavam em silêncio, soltando apenas alguns gemidos, o olhar imantado pela igreja flamejante que devorava seus maridos, filhos e pais; igreja que começava a desmoronar sobre si mesma. Uma procissão consternada.

Coro
Nada detinha o sargento-mor Toro Pichaí, *era o que todos pensavam: nem as lágrimas, nem o sangue, nem os olhos suplicantes das crianças, nem as mãos das mães erguidas para o céu. Pois Toro Pichaí era a guerra em pessoa, capaz de conduzir à velocidade de um zangão suas tropas pela floresta e pelo deserto, de atacar o inimigo quando ele menos espera, de derrubá-lo sem piedade, para que o terror sobreviva aos mortos.*

Toro pedira a Virginio, na véspera, que organizasse um grande baile, em torno de uma grande fogueira. As mulheres da cidade tinham sido trazidas, ou melhor, arrastadas, despidas à força e obrigadas a girar sobre si mesmas, a roçar nos corpos suados dos soldados cheios de desejo de trepar e matar, de matar trepando, obrigando-as a lamber seus corpos, seus pés enlameados, seus sexos abjetos, suas bocas embriagadas, seus traseiros sujos. Os gemidos fizeram as vezes de música.

No meio desse desfile macabro, uma mulher atraíra o olhar de Miramontes: sozinha, mantida afastada das dançarinas, amarrada a uma pequena mula, a cabeça alta sobre um pescoço fino, ela ainda emanava uma certa graça, apesar do destino que a subjugava; a noite inteira, ela abraçara a barriga arredondada, com gestos suaves, acariciando-se e embalando-se. Embora estivesse a mais de cinquenta passos de distância, do outro lado do fogo, ainda que os soldados no cio e as mulheres violadas arquejassem a seu lado, ele ouvia, ou imaginava, sua voz cantando uma melodia doce à criança que ela nunca veria e nunca acariciaria. "A *comandanta*", vociferava uma *soldadera* atrás dele, praguejando e cuspindo no chão: "Traidora maldita! O filho dela com certeza já fala o negro brasileiro!".

O capitão agora a via desfilar do outro lado da praça, junto com as outras mulheres, mas atrás delas, atrás da fila, sempre amarrada à mula, acariciando seu órfão, ninando-o, bela e viúva. Ela era a única que não olhava para a igreja em chamas.

Ele levou os olhos para Toro Pichaí, branco como uma morte sem escrúpulos, o pescoço e as mãos cobertos com o ouro de suas vítimas, uma longa lança pousada no ombro. Depois, voltou a olhar para a mulher. Ele se virou para Pedro, que observava seus pés nus enfiados no chão, depois para o portão de pedra que agora se erguia sozinho num campo de cinzas e fumaça, e, com passo firme, cruzou a praça.

Toro Pichaí o recebeu bem.

– Virginio, fico feliz em vê-lo...

Áticos recuou levemente, o que os afastou do bando de carpideiras.

Gregorio!

– Todos me disseram que a festa de ontem foi espetacular, Virginio. Agradeço por isso, os homens estavam precisando...

– Gregorio! – ele repetiu, mais alto.

Áticos, sem dúvida incitado por um movimento das pernas de seu cavaleiro, fez menção de empinar, um gesto seguro de Toro Pichaí o acalmou. A seguir, Toro olhou para Miramontes, sem pressa, e este não pôde evitar um estremecimento sob os olhos dourados do sargento-mor. Entre eles havia uma amizade confusa, uma camaradagem de irmãos de armas e uma rivalidade ligada a um exército que distribuía patentes e postos de maneira compulsiva. Eles tinham combatido lado a lado em Uruguaiana, em 1865, em Tuiuti, em 1866, em Itororó, Avaí, Angostura, Humaitá e Curupaiti, em 1867 e 1868. Fora Gregorio Benitez, então simples tenente, que ninguém chamava ainda de Toro Pichaí, que substituíra Virginio quando um fragmento de granada o atingira em Lomas Valentina. Fora Virginio que carregara nas próprias costas o capitão Benitez depois que um tiro explodira o ombro deste em Tuiuti.

– Gregorio, as mulheres! – repetiu Virginio.

– Sim?

– Há meninas entre elas, mães, grávidas!

Um sorriso de Toro Pichaí.

– Está falando da *comandanta*?

– Somos soldados! Matamos soldados!

Áticos parou. Seu cavaleiro olhava reto para frente, imóvel. Depois, disse com a voz fria:

– A cidade se entregou ao inimigo, sabia disso? Disseram aos brasileiros que não resistiriam, que a cidade seria deles sem derramamento de sangue. O comandante abriu as portas da cidade e você queria que eu não fizesse nada? Você não deixou apenas os soldados na igreja?

– O comandante está morto – disse Virginio, apontando para as ruínas fumegantes da igreja San Lorenzo –, seus filhos e os pais de seus amigos, os amigos de seus amigos estão mortos; todos. A cidade está em cinzas. O que vai ganhar com a morte de sua esposa? E de todas essas mulheres?

Atrás deles, os paiaguás tinham parado de brincar de gato e rato com as mulheres da cidade, ouviam Miramontes, surpresos que alguém pudesse falar tão alto com o Major Selvagem.

– Esses negros precisam ser aniquilados! Entendeu? Extintos de nossa pátria adorada. E isso quer dizer que as mulheres e as...

Toro suspirou.

– As mulheres, Virginio, as mulheres são seu ponto fraco, todos sabem!

O negro Áticos retomou o passo.

– Pare de bajulá-las. Desvie os olhos dessas bruxas; elas são *moranas*, todas elas, putas *negras* e *cariocas* – ele disse, apontando e cuspindo no chão.

– Gregorio, por favor! – insistiu o capitão.

Todas as mulheres, menos uma, foram atiradas em covas e estripadas a golpes de baioneta. Alguns corpos foram desmembrados de tanto serem trespassados e feridos: os piratas paiaguás se saciaram com netas e avós, continuando a violar mesmo mulheres despedaçadas.

A *comandanta*? Foi estripada a facadas, com gestos lentos, para que visse seu filho; depois, ele foi estripado sob os olhos da mãe, e não teve tempo nem de gritar; por fim, ela foi decapitada e não soltou nenhum som, não gemeu, não gritou. Seu cadáver foi entregue aos cães, que o arrastaram pelos escombros da cidade.

Coro

Assim foi Toro Pichaí, o Major Selvagem, que fazia o trabalho sujo, implacável e meticuloso, frio, temido muito além da floresta e das montanhas, como um eco de desastre.

7

Nice, 10 de maio de 1888

Querida irmã,

Que felicidade. Que alegria. Que força!
É o verão do espírito, a colheita do escritor.
Essa semana, a primeira em muito tempo, fui inspirado da mais curiosa maneira. O que provocou muitas alterações a meu modo de vida. Várias vezes me levantei, ou melhor, pulei da cama, às duas ou três horas da manhã e, "levado pelo espírito", deitei algo no papel. Várias vezes, enquanto escrevia, ouvia distintamente a porta da pensão se abrir: meu senhorio saía para caçar cabras-montesas. Mas qual de nós dois caçava melhor?
Para expressá-lo como um factum brutum, creio ter o primeiro esboço de minha Inversão (título de meu próximo livro). Finalmente saí dos ensaios, dos prelúdios, das promessas de todo tipo. Eis finalmente uma obra que chega muito perto da perfeição, como uma bela ópera.
Muitas coisas que até então estavam livres não existirão mais, o reino da tolerância será rebaixado a uma pura covardia, ser cristão será indecente. E todos os valores serão rearbitrados.

É como se eu precisasse de repente aprender a escrever. Tenho dentro de mim uma energia e uma transparência que talvez nunca tenham sido alcançadas por um filósofo. Ou por um poeta! Ela expressa na forma mais espiritual minhas heterodoxias filosóficas.

E tudo isso talvez venha de Plutarco; li, recentemente, como César se protegia dos estados doentios e das dores de cabeça: com caminhadas monstruosas, com longas permanências ao ar livre, com um trabalho incessante. E, principalmente, com a mudança: variatio sanat. A mudança cura. Por muito tempo acreditei que as pausas me faziam bem, mas é a fuga delas que me cura. Nice, depois Engadina, Silsmaria, Veneza, Turim.

Este ano foi desgastante. Vivi um ano inteiro muito próximo da morte. Sobrevivi a mim mesmo.

Superei-me.

Estou tão aliviado, de tão bom humor.

Como vai a Alemanha em miniatura de vocês?

Teu irmão Nietzsche

P.S.: *Prendo um pequeno rabo de bufão a todas as coisas mais sérias.*

8

SEM SOMBRA DE DÚVIDA.

Com pressa, Virginio se senta, o lençol voa e a cabeça começa a girar sozinha, fazendo a janela, a mesa e a porta flutuarem no ar.

Tiros. Bem nítidos.

Dois, que o acordam num sobressalto, e agora uma série de oito ou nove descargas que acabam por tirá-lo do sono. Ao longe, talvez na direção do atracadouro, ou na floresta. Gritos também; ele franze as sobrancelhas, concentra-se no alarido. Distingue gritos aflitos de mulheres e de homens, ordens também, sem dúvida a voz de Förster, ordens secas e frias, sem emoção, em alemão, como num campo de batalha, mas também, ao longe, e muito mais numerosos, alguns *jajapeos*, os mesmos que o haviam acompanhado durante o ataque dos Arumgaranis e o massacre do rio. Um calafrio.

Ele tira as pernas para fora da cama, coloca os pés no chão, a cabeça girando. Procura as calças com os olhos. Nada. Novos estampidos na rua. E mais gritos de terror. Ele conta ao menos três fuzis, um Veterlli, único capaz de explicar aquele tiro de repetição, mas também um Henry, de descarga pesada e longa, e... um Amsler-Milbank, uma espécie de rifle que pode explodir nas mãos do utilizador a qualquer momento, uma porcaria. Os suíços haviam enviado toneladas daquele fuzil ao exército paraguaio no início da *Gran Guerra*, mas exceto para comer os dedos dos garotos que os utilizavam, explodindo, não serviam para nada.

Em pé, tenta girar a maçaneta da porta da cela, mas ela está fechada a chave. Tenta forçá-la, mas ela pesa uma tonelada, é espessa como um casco de navio, nada acontece. Está preso como um rato e está prestes a tentar se esgueirar pela janela, que é muito alta e estreita, quando a porta se abre sozinha, deixando entrar uma Katryn pálida e completamente decomposta, que desaba no chão, junto à parede.

– Os selvagens, eles voltaram – ela diz em espanhol, com um sotaque capaz de derrubar as paredes do chalé, a mão trêmula apontando para a janela –, vieram atrás dele, estão por toda parte...

Ela treme, seus lábios estão brancos, lágrimas escorrem de seus olhos dilatados pelo medo, ela olha fixamente para a janela, por onde chegam gritos e estampidos, mantém os joelhos bem apertados contra o peito. Ele só consegue pensar em vestir alguma coisa para sair e ver o que se passa, um pouco incomodado com o corpo seminu exposto à jovem.

Até que ele não aguenta mais, empurra a porta e descobre o resto do chalé, ou uma boa parte dele: um longo corredor, duas peças, uma depois da outra, vazias, uma sala de estar com um imenso piano preto e brilhante no centro, um gabinete, também vazio. O todo forma uma casa de tamanho razoável, de estrutura simples e de conforto espartano. Mas é à sua esquerda que tudo acontece: uma grande porta dupla se abre para uma espécie de jardim, ele vê rosas em abundância, brancas e vermelhas, dálias e lírios brancos... que esmaga ao sair do chalé, o peito alto, os braços abertos, o olhar fixo e determinado, as pernas leves e calções na metade da coxa. Ele está pronto para lutar.

Mas logo fica espantado com o que vê: corpos desconjuntados correndo em todas as direções, agitando mãos e braços, poeira vermelha levantada pela correria de homens e animais, impedindo a visão, fumaça na direção do atracadouro, levemente empurrada em sua direção pelo vento; ele tosse, ouve lamentos e gemidos indistintos... Nada, porém, se iguala à próxima visão: a algumas dezenas de metros, na orla da floresta, um homem, um índio, nu e brilhante, voa, suspenso no ar, talvez dois metros acima do chão e longe das árvores, a cabeça para baixo e os braços e pernas como que esquartejados numa posição que não deixa de lembrar o voo falcoeiro do Espírito Santo; e esse homem dos ares grita e urra, sem que Virginio entenda uma palavra. Que magia faz aquele homem voar? Ele começa a se aproximar, assombrado, quando uma bala passa assobiando por ele, seguida por uma flecha de zarabatana que fica cravada num cepo a poucos centímetros de seu pé. Um pouco à frente, o que parece ser uma ovelha cai de costas no chão, balindo tristemente, a lã branca tingida de rosa. Não é uma batalha, mas o carnaval do vale-tudo, que tem por rei aquele índio voador. Na direção do rio, ele ouve dois tiros. Um colono cai para trás, empurrado pelo coice de seu Henry, bunda no chão e pés acima da cabeça. Um outro, atrás dele, atira para o céu com um grande fuzil de retrocarga, depois recarrega gritando palavras enigmáticas, o rosto enlouquecido, e recomeça. Por mais que Virginio perscrute os céus, ele só consegue ver pequenas nuvens. Ele se vira, atraído por uma nova detonação, cada vez mais assombrado, e não encontra sentido no que vê: onde estão os atacantes? Quem se defende? Contra quem, ou contra o quê?

De repente, à sua direita, o grande cavalo branco de Förster surge do nevoeiro vermelho; na sela, escuro com uma nuvem de tempestade, Förster, com a longa barba e o grande bigode, os olhos claros agitados; ele tem nas mãos um velho rifle Volcanic Lever, modelo de bolso, uma belezura com corpo de bronze, gatilho com dois anéis, calibre 31 milímetros, que ele ergue suavemente, um olho fechado, posição das mais heterodoxas, o braço esquerdo sustentando o antebraço direito para estabilizá-lo; com exceção dos livros baratos que contam as aventuras de Davy Crockett, é a primeira vez que Virginio vê aquela posição, e ele não aposta muito na qualidade do tiro: a descarga faz grande alarido e uma língua de fogo sai do cano reto do Volcanic ao mesmo tempo que a mão se projeta para cima, sofrendo o coice. Ao longe, onde um anjo barroco flutua nos ares, um grito se faz ouvir e uma grande mancha vermelha tinge seu ombro esquerdo, a nuca amolece na mesma hora, a cabeça pende, os braços começam a balançar no vazio, o anjo morre. "Belo tiro!", Virginio admite internamente, contemplando o rosto mineral do dr. Förster. Alguns instantes depois, dois outros índios se aproximam e tentam puxar o corpo do morto para o chão, tentando de tudo: empurram e puxam, batem no corpo a golpes de machado, mas uma força misteriosa o mantém em suspensão. Uma nova descarga, mesma posição de tiro de Förster, e um dos índios desaba, com a mão no pescoço para conter a sangria abundante que o mata enquanto o segundo foge correndo, ganindo como um cão ferido. Pouco depois, todos os outros gemidos dos chacais indígenas cessam ou se distanciam.

A nuvem de poeira vermelha se desfaz, os fogos se apagam, as vozes se calam. Não há grito de vitória. Não há lágrimas. Apenas consternação, generalizada. Estátuas de sal que se entreolham, sem saber o que dizer ou fazer. Até Förster permanece imóvel em seu cavalo, a cabeça curiosamente pendida para o lado, talvez com um leve sorriso atrás da barba. Nesse momento, Virginio lembra que está quase menos vestido do que os selvagens que acabaram de afugentar.

9

O CHEIRO DE PÓLVORA NEGRA e desordem ainda paira no ar. Ele e o índio voador são deixados para trás, não sem que ele vislumbre olhares intrigados dirigidos a seu calção curto: intrigados, porém indiferentes. Todos se retiraram do campo de batalha, com tanta calma quanto tinha sido o pânico que os tomara alguns minutos antes, e se dirigiram a suas pequenas tarefas cotidianas: a horta, o galinheiro, a reconstrução do atracadouro, a edificação do novo chalé, o conserto de um estábulo, a manutenção dos animais. Martelos, bigornas e machados voltam a ser ouvidos... Förster retorna a seu destino cantarolando:

— *Deutschland, Deutschland, über alles, über alles in der Welt.*

Todos, com exceção deste último, têm os ombros baixos e como que resignados. Mas resignados com o quê? Agora que os vê de perto, todos aqueles homens e todas aquelas mulheres são verdadeiros enigmas. Traços longos e emaciados, olhares secos e demorados que encaram com falsa profundidade, como se atingidos por um feitiço entorpecente. Máscaras de desânimo. Nos campos de batalha ou nas ruas das cidades e dos vilarejos sob a ditadura de Lopez, nas estâncias que ainda praticam a escravidão ou o rapto de índios e sua exploração, ele viu e se deparou com vários tipos de medo: pavor, angústia ou tremor; fria desolação, queixas, covardia ou resignação... Mas nada que se assemelhe àquela lassidão generalizada.

Ele se aproxima do anjo indígena e, embora esteja morto, ele caminha a passos de gato, preocupado com o encantamento de sua suspensão. É de fato um Arumgarani: nu, imberbe, esguio e fino, a pele e os cabelos claros, um pequeno topete na cabeça, o rosto e o pescoço cobertos de tinta vermelha, cor da guerra. Um único olhar é suficiente para fazê-lo compreender que o selvagem caiu numa armadilha. Três fios de ferro percorrem toda a orla da floresta, a perder de vista, fios de ferro como Virginio jamais viu, sustentados por fortes estacas de madeira e cheios de espinhos metálicos e pontiagudos. O índio, tentando passar a barreira, ficara preso nos espinhos, lacerando a carne dos braços e das pernas e escapelando uma parte do crânio: uma coroa de sangue e longos rios vermelhos corriam das pernas e dos braços, empapando o solo.

– Os americanos chamam isso de "a corda do diabo".

Virginio gira nos calcanhares e se vê diante de Förster, ainda montado no cavalo branco que exsuda uma espuma grossa; um Förster quase brincalhão.

– Comprei trinta rolos.

Ele observa Virginio, como se este devesse achar graça.

– Devo ter sido o primeiro a usá-lo por aqui – ele diz fazendo amplos gestos com os braços. – Coloquei-o a norte e a leste da Colônia. Ao sul, é desnecessário, pois o rio cria uma barreira, e a oeste os pântanos são um problema. A terra é movediça demais! As estacas afundam assim que colocadas. Mas...

– Mas por quê? – pergunta Virginio.

– Como assim, por quê? – ofende-se Förster. – Por milhares de razões! Para nos proteger dos índios em primeiro lugar, o senhor viu como os selvagens nos atacaram; viu como este aqui chegou a se estripar nos arames farpados.

Ele se vira para os colonos.

– É meu deve proteger as pessoas que nos seguiram até aqui. Por isso começamos a edificação dessas plataformas.

E ele aponta para uma primeira superfície sustentada pelos galhos de uma árvore, perpendicular à cerca de arame farpado, cerca de dez metros acima do solo. Uma escada de corda leva a ela.

– Para vê-los chegar.

"Boa ideia", pensa Virginio, ainda que essa cabana suspensa, pensando bem, não corresponda a nenhuma estratégia coerente de defesa. Dela não se vê o rio, escondido pelas árvores, e do outro lado ela se choca contra o muro vegetal da floresta. Vigiar a quem?, ele se pergunta. O único ponto que aquela cabana improvisada permite enxergar fica na face sul da Colônia: a pequena horta e o moinho em construção.

Förster continua:

– Mas também para nos preservar. Somos uma sociedade única em seu gênero, capitão, ao mesmo tempo ambiciosa e entusiasta, baseada na fraternidade e, diria eu, num princípio de elevação.

Silêncio, durante o qual Virginio continua examinando a distribuição da Colônia.

– Somos muito invejados, portanto, se não cobiçados...

– Cobiçados por quem? – interrompe-o Virginio.

Um sorriso arrogante e impaciente invade o rosto do Doktor. E depois um pequeno riso agudo e mecânico. No meio da barba, um grande buraco vermelho aparece.

– "Cobiçados por quem"? Quanta ingenuidade, capitão. Ora... pelos outros! Todos os outros.

Olhar intrigado de Virginio, intrigado com o que vê, intrigado com o que ouve.

– Por toda parte...

O doutor se acalma.

– ...Falam de nós por toda parte, meu caro. Aqui, nesta vasta região do mundo, em primeiro lugar...

"Agora sim, vamos lá, diga em que região estamos, doutor aloprado, abra essa boca...", roga-lhe Virginio internamente.

– ...nossa vitória, após tão pouco tempo, nossa vitória fulgurante, eu deveria dizer, questiona, excita, atiça a inveja dos outros. Alguns pequenos senhores locais, incapazes de obter riquezas de suas terras, o senhor pode imaginar, todos! Eles nos querem mal...

Ele se cala por alguns segundos, a mente visivelmente cheia de imagens ou lembranças sombrias, enquanto duas rugas lhe vincam a testa.

– ...Eles sugeriram que recebemos as terras mais férteis, que fomos favorecidos.

Ele se vira para o seu mundo e suas sombras, com olhos quase fechados:

– Por acaso viram todo o trabalho que tivemos? – suspira.

Pausa, durante a qual Förster desce do cavalo. Na mesma hora, um garoto, de dez ou doze anos, loiro, sujo, magro e delgado, quase ossudo, as bochechas encovadas e cheias de sardas, surge do nada e caminha até Förster. Com a cabeça baixa, cuidando para não o olhar nos olhos, ele pega as rédeas que o barbudo lhe estende negligentemente.

– Mas na Europa também, falam de nós...

Grande sorriso satisfeito.

– ...em termos contraditórios, sem dúvida. Somos incensados: o senhor não imagina o considerável número de candidaturas que recebo, da Alemanha, da Holanda, da Áustria, da França...

Ele enche o peito e parece crescer alguns centímetros:

– O grande Wagner...

Olhos fechados, expressão devota.

– ...elogiou nossa pequena comunidade em seu jornal. Um artigo muito honesto, de três páginas, sem ocultar nossas dificuldades – algumas de nossas colheitas foram medíocres no ano passado –, mas exaltando o desafio, nossa coragem e nossas vitórias!

Novo suspiro.

– Claro, alguns nos abominam, por causa dessa mesma vitória. Um suíço nos acompanhou por algumas semanas e fugiu, um pobre homem em matéria de caráter, não aguentou os rigores da região, nem a ambição de nosso projeto, e tomou a liberdade de editar um pequeno panfleto contra minha pessoa. Um homem e um texto detestáveis, difamadores, mentirosos, mas que alimentaram certas dúvidas junto aos que nos apoiam!

Ele se curvou bruscamente.

– Agora querem que eu preste contas!

Ele se aproxima do índio, agarrando o arame, e começa a sacudi-lo.

– Veja quanta solidez, e quanta leveza!

O índio, para quem ele nem chega a olhar, a poucos centímetros de seu rosto, movimentado pelas súbitas sacudidas, os braços balançando em todos os sentidos como uma marionete, parece voltar à vida.

– Veja esses arames farpados: uma defesa simples e eficaz, o militar dentro do senhor pode facilmente reconhecê-lo.

E, cochichando:

– Mais ou menos oito dólares por hectare. Imagine o tempo e o dinheiro que teríamos gasto com muros ou uma simples paliçada de madeira. A madeira, aqui, apodrece rápido demais. O arame farpado é difícil de estragar, fácil de consertar, pouco oneroso... É o futuro! Os americanos o utilizam em todas as suas pradarias; é perfeito para a criação de animais, dizem. Eu acrescentaria: é perfeito para afastar os índios.

    Virginio vê alguns colonos trabalhando um pouco adiante na drenagem de uma zona perto do rio. Dois deles, de joelhos no chão, cavam de mãos nuas. Ele olha para Förster. Nenhum sinal de ironia na voz ou no olhar. Ele volta a fixar o índio morto. Por que os Arumgaranis atacaram? Estavam famintos? Queriam ferro? Os índios da floresta são doidos por todo tipo de metal, usam-no para fazer armas e ferramentas: machados, facas, pontas de lança. Sob o índio voador, um grande machado de madeira e de pedra está caído no chão. A idade do ferro não parece ter chegado àquela parte da floresta. A não ser pelos arames farpados! Como aqueles nômades podem compreender que alguém recorte a floresta daquele jeito, em espaços delimitados, em espaços proibidos ou permitidos, dos quais eles podem ser excluídos e expulsos? A barbárie selvagem dos índios é a única que precisa ser explicada?

10
O arame farpado

Nota comercial*

O arame farpado das empresas Washburn and Moen Manufacturing Company (patente Glidden – novembro de 1874), o único constituído por dois fios de ferro torcidos com farpas pontiagudas, é fabricado de modo a que um animal que tente transpô-lo ou ultrapassá-lo corra sérios riscos de se machucar. Comparado às cercas de madeira e de pedra, apresenta as vantagens do baixo custo e da resistência. Sua colocação é fácil e rápida e não necessita de competências específicas, bastam alguns pontos de fixação onde ele possa ser preso com cabos ou grampos. O cabo utilizado é de aço metalizado com dois fios torcidos. Está disponível em rolos de 200 metros ou de 400 metros [...]

Para certos rebanhos, cercas com sete fios podem ser feitas utilizando-se quatro ou cinco arames lisos no meio e arames farpados no topo e na base [...].

Na Nova Zelândia, as cercas precisam permitir a passagem dos cães, pois eles conduzem o rebanho. Na Europa, o costume dita que o arame mais baixo permita a passagem da fauna selvagem, dos cães pastores, quando utilizados, e dos cães de caça.

---

* Brochura destinada aos revendedores da Washburn and Moen Manufacturing Company (Estados Unidos, 1901).

11

A PENSÃO DO GORDO RODRIGUEZ. Ou melhor, seu bordel. "As moças mais lindas de Assunção", ele garantia. As mais feias também, as mais velhas e as mais impuras. Muitas mestiças, algumas indígenas, meninas raptadas pelos seringueiros e revendidas por alguns trocados. Um verdadeiro mercado do vício, numa salinha revestida de veludo vermelho. A dois passos das casernas San Juan e San Sebastián. Uma multidão suada a frequentava todas as noites, até o fim da madrugada e da exaustão. Uma multidão ruidosa, superexcitada, desmazelada, com grandes bocas desdentadas, unhas pretas, pés descalços e sujos, uniformes rasgados. O cheiro! Denso, acre, Virginio se lembra claramente. Ficava literalmente com sede ao senti-lo. À sua frente, Toro Pichaí, grande colosso indolente atirado numa cadeira, a cabeça pendente, cheirando a álcool.

– A debandada... – ele resmungava.

Servia-se de um copo de vinho, engolia-o na mesma hora, o vinho escorria por seu corpo, até que a garrafa estivesse vazia e ele a estendesse a Adriana, dócil puta devotada que ia então até o bar, rodopiando em sua cadeira de rodas entre os bêbados e as prostitutas, um verdadeiro labirinto de corpos lascivos e trêmulos, para encher a garrafa com a bela Rita, a preferida do gordo Rodriguez. Antes de voltar a seu herói.

Enquanto isso, Toro ficava calado, olhos no teto, ouvindo as rodas rangentes da cadeira da garota.

Dezesseis anos, talvez menos, rosto puro, pele branca, cabelos encaracolados de um loiro profundo, com um pente de ouro, como as outras, que nela parecia um diadema, olhos claros, ninguém sabia com certeza onde ferira as pernas. Em Tuiuti, durante a grande batalha, onde sua mãe, merendeira, fora morta? Era fácil imaginar membros arrancados pelo aço dos obuses de quatro ou dez libras. Ou quando criança, devido a alguma doença? Falava-se em lepra e gangrena, em amputações feitas por um açougueiro. Muda, ela não dizia nada, um argentino cortara sua língua antes de abandoná-la numa praia do rio Paraná.

– Uma debandada, estou dizendo – retomou Toro, olhando para o copo que Adriana voltava a encher e aos poucos ficava vermelho.

– Dizem que ele chorava e suplicava, pedia misericórdia e piedade, e aqueles negros argentinos... até eles tiveram vergonha: um lanceiro o finalizou.

Ele bebeu seu copo. Em volta deles, as mesas e cadeiras estavam vazias. Ninguém incomodava Toro Pichaí quando ele estava bêbado, principalmente quando a melancolia se apoderava dele. Os soldados e as garotas, prudentes, tinham se reunido em torno do balcão.

– Para não ter que ouvi-lo morrer como uma garotinha. "El Marejal", como ele se autointitulava – disse com uma careta.

Adriana já voltava ao bar, com a garrafa vazia, cadeira de rodas rangendo, olhos tristes. Quando o sargento-mor estava bêbado, suas ideias ficavam girando em círculos, sempre as mesmas, a guerra, a glória, a derrota, os soldados, seus irmãos, os vivos e os mortos, todo um exército desfilando dentro de sua cabeça, e ele se esquecia um pouco da presença dela, ficava menos carinhoso, menos gentil, menos atencioso, sempre resmungando com Miramontes, o capitão, seu sombra, olhos muito claros, fronte achatada, nariz reto, queixo duro, lábios finos, bigode de grande burguês, longa cabeleira castanha. As moças da pensão o disputavam, mas ela não, não confiava nele. Porque ele era estranho, era isso que ela pensava, como um animal rastejante e sorrateiro; se precisasse defini-lo diria que era uma cascavel. Uma estátua na decoração, era isso que ela era. Os homens falavam, na presença dela, sem medo que ela repetisse suas palavras. Como um eco impossível. Mas não Toro Pichaí, o grande soldado que a cobria de carícias e beijos.

– Dizem que os coronéis Bujon e Villa foram fuzilados. Junto com seus oficiais. Que tempos! E eles estão atrás da gente, pode ter certeza. No estado-maior, os únicos nomes que eles têm na boca são Toro Pichaí e Miramontes. Chegou nossa vez, estou avisando!

Virginio não pestanejou. Talvez Gregorio tivesse razão. Talvez fosse o fim de suas alianças. Talvez fosse o fim do mundo. E se fosse? O que eles poderiam fazer?

– Vem comigo, Virginio. Para o alto, para a floresta, para os altiplanos. Lembra do que aquele padre disse... Não lembro mais seu nome...

– Antonio. Padre Antonio.

– Isso mesmo: lá, há terras inexploradas, de difícil acesso, nunca pisadas pelo homem branco. Ficaremos protegidos. Aqueles imbecis não ousarão nos seguir até tão longe.

– O padre Antonio também dizia que os índios eram bastante hostis lá no alto. Era uma das razões que desencorajavam os viajantes.

Mais um gole, e gotas na barba. Toro sacudiu a cabeça.

– Tenho uma teoria a esse respeito. Para mim, esses índios são um bando de maricas. Um guerreiro não vai se esconder nas árvores. Nas montanhas. Ele não tem nada a temer. Uma palmada e eles se acalmam.

Virginio o encarou com espanto. Mas quem é que está falando em se esconder na floresta? Toro adivinhou a objeção.

— Não é a mesma coisa. Estou evitando esses malditos abutres! São uns revanchistas! A pior coisa que existe! Vamos, Virginio. Tenho bons guias. E meus melhores homens. Gomes e Ramos estão nessa.

— Fugir?

— Não, fugir não. Esperar. Esperar que os ventos mudem.

— Na floresta? Entre os selvagens? Comendo plantas? Peixe? Dançando em torno do fogo e gritando iôiô-iáiá? Nus ou cobertos de folhas?

— Não tenho medo da floresta. Amo a floresta, Virginio. Meu pai tinha uma fazenda que ia até os limites da floresta. Caçávamos juntos. Por vários dias seguidos. Passar a noite a céu aberto, percorrer o rio de piroga, já fiz de tudo... A floresta está em mim, não tenha medo. Aqui, a amargura é única coisa a que terá direito.

Virginio fez uma careta cética.

— Olhe em volta. Tudo mudou. Riveron, Santana, Morgenstern, os covardes é que seguram as rédeas, os que se recusaram a se engajar. Zombávamos deles há poucos meses, agora estão no palácio. Cheios de revanchismo e ressentimento. Eles querem Toro na ponta de uma lança. Querem você, capitão Miramontes, pendurado a uma corda.

12

FICHA DE CARACTEROLOGIA Nº 67

Redigida em 20 de junho de 1888
Objeto: sr. Küke.
Carta de adesão recebida em 15 de junho de 1886.
Função: engenheiro.
Ódio judaico moderado.
Solteiro.
Antigo soldado da infantaria bávara. Serviços modestos.
Espírito de iniciativa de tipo 3. Muito organizado. Indivíduo trabalhador.
Fé moderada, sinceridade duvidosa.
Classificado como racionalista sensato. Não emotivo. Prudente. Colono-modelo.
Habilidades em marcenaria. Possibilidade de elevar-se na organização.
Casta dos que dão ordens.
Observação: dificuldade de estabelecer laços interindividuais. Muito solitário.
Raça ariana da melhor procedência.

13

Nice, 5 de junho de 1888

Querida tu,

A *primavera foi terrível*. Um trabalho inteiro, preparado com cuidado e por muito tempo, o mesmo que eu queria chamar de A inversão dos valores *ou* A vontade de poder – mencionei-o da última vez –, literalmente foi por água abaixo.

Não tenho nenhuma linguagem, nenhuma terminologia à minha disposição. Os nomes não nomeiam.

Enfim! É por espontânea vontade que permaneço mudo diante de todo o mundo, pois tenho cada vez menos vontade de deixar os outros verem as dificuldades da existência (de minha existência). Tudo se tornou realmente muito vazio a meu redor. Ninguém faz ideia de minha situação. Faz dez anos que nenhuma palavra chega até mim.

Reduzi minhas caminhadas. Cada passo me faz sofrer um martírio.

Encontro uma dificuldade extrema para conseguir materiais. Procuro uma grande pluma redonda nº 5, da marca Sönnecken, em toda parte. A que escreve tão bem. Veja como esta, uma nº 4 da Griburg, raspa e arranha o papel. Produz uma música que *insulta os ouvidos. Não se pode escrever nada de valor, quero dizer, de profundo, com esse tipo de material. As palavras não fluem, elas gemem, choramingam, se contorcem como pequenas larvas azuis ou pretas. Sempre insatisfeitas.*

Não aguento mais o Souchong. Sei que você só consegue enxergar com ele. Mas seu amargor e sua cor me causam horror. Encomendei quatro chás diferentes. Mas sempre me enviam o Souchong! Quero é o Congo. Sua profundidade!

De resto, um grande casamento principesco foi anunciado, o do príncipe Amedeo. Tannhäuser *foi escolhido como ópera de cerimônia.*

Fritz

14

Sentado na cama, olhos voltados para o céu escuro. Ainda é noite, uma noite escura como só a floresta selvagem sabe produzir. Gritos ao longe, bugios e alguns pássaros noturnos. Mas não foi isso que o despertou.

Em que pensava? Com o que sonhava? Com a mulher, é isso! Com Frau Förster, ou Förster-Nietzsche, parece que ela faz questão do sobrenome composto. Ele a viu, ontem, pela primeira vez, criatura rara, furtiva, quase clandestina, a poucos passos de distância, toda de preto, vestido, mantilha, sombrinha, no pátio da grande casa central, Försterhof. Mãos solidamente agarradas à balaustrada de madeira, pousava sobre a Colônia um olhar decidido e inquisidor. Quase imóvel. Ao longe, seu marido, alto e ereto no cavalo branco, dirigia a instalação de uma nova plataforma de defesa empoleirada entre duas mancenilheiras, acima da barreira de arame farpado. Cinco colonos trabalhavam. Gritos, cordas tensionadas prestes a se romper, polias improvisadas, bois puxando e ofegando, Frau Förster-Nietzsche não perdia nada, apertando a balaustrada quando a plataforma oscilava, sacudindo a sombrinha nervosamente quando ela se estabilizava. Uma leve brisa agitava em suas costas o tecido preto do véu que usava, criando-lhe pequenas asas inúteis.

O que fora fazer ali? Naquela selva úmida e primitiva? No meio daquele suor constante e desesperado?

Após certo tempo, ela se virara para ele, com um olhar gélido, como se o tempo todo soubesse que ele a espiava. Fitou-o por alguns segundos, sem qualquer reação, e voltou, passos lentos, para dentro da casa senhorial. Mas o que ele havia sonhado? Que ela se aproximava, retirando o véu, atirando a sombrinha no chão, abrindo os botões de madrepérola do vestido, revelando saiotes mais pretos ainda; que via o rosto dela, a poucos metros de distância, seus olhos perdidos, seu hálito de mingau, sua boca enorme gritando palavras incompreensíveis.

Ele está todo suado.

Sabe que não foram os gritos que o acordaram. Que não foi Frau Förster-Nietzsche.

Outra coisa o acordou. Um pensamento, ou quem sabe uma lembrança, que martelava em sua cabeça e subitamente viera à tona. Ele fecha os olhos, concentrado, procura um ponto luminoso em suas lembranças, e é a pequena Katryn quem surge agora, rosada, doce, lágrimas escorrendo pelas bochechas. O que ela lhe dissera durante o ataque dos índios? Ela havia entrado no quarto em pânico, o rosto decomposto, choramingando e dizendo que os índios tinham "voltado". Ele arregala os olhos: Förster nunca mencionara um ataque anterior. Seus pés sobre o chão fresco do quarto. Ele se levanta. Sobrancelhas franzidas: não importa, pois com certeza não foi isso que o despertou num sobressalto. Ele esfrega o rosto com as mãos, o que mais ela havia dito? Ele dá um passo e se detém. Ela havia acrescentado que eles tinham ido buscar alguém: "vieram atrás dele", ela dissera. Ele ouvira suas palavras, mas não as compreendera direito; sim, era isso!

Virginio agora se pergunta, sozinho em seu quarto, no meio da noite, olhando para fora, sem nenhuma possibilidade de obter uma resposta: quem era "ele"?

Terceira parte
O Graal

1

CAMPONESES, em sua grande maioria; dois ou três ferreiros, um farmacêutico, carpinteiros e lenhadores, um marinheiro, um taverneiro, um antigo soldado, dois ou três comerciantes. O resto não o interessa.

— Agora — ele diz, majestosamente, como um busto imperial de mármore sobre uma lareira —, todos são cidadãos de Försterland. E nada mais. Perderam suas qualidades, sua individualidade — acrescenta —, mas obtiveram essa graça.

Espanto de Virginio.

— O estatuto político exato da Colônia ainda precisa ser determinado, em estreita colaboração com as autoridades locais.

Que autoridades?, pergunta-se Virginio. Os olhos do Doktor se estreitam. Mas as coisas avançam. Veja isso, e ele abre com cuidado um mapa da Colônia em cima do grande piano da sala de estar — um Irmler todo trabalhado e esculpido, com cascatas de flores pintadas nas laterais, em cores lindas de chorar.

Virginio, que é militar, e ainda por cima oficial, sabe ler as entrelinhas, cuidado. Mas aquele é um esboço, não um mapa exato do local, ele não pode se deixar enganar, alguns querem ir rápido demais, mas não ele, Bernhard Förster sabe das coisas. Então seu semblante se anuvia. As chuvas, as doenças, as colheitas difíceis do ano passado, ele diz, pousando um dedo firme num ponto do mapa, as tábuas do atracadouro (o mesmo dedo em outro ponto) que ruíram, os aborrecimentos administrativos que o obrigaram a escrever inúmeras cartas e a algumas idas e vindas da capital – Virginio tenta se localizar: mas que capital, Förster? Ele tenta situar indicações, aqui um "monte Wagner", que não lhe diz nada, ali o "caminho do Puma", mistério! Todas essas coisas os atrasaram terrivelmente, continua o outro: com certeza! Mas, e o tom de sua voz sobe uma oitava, esse atraso não invalida o sucesso do empreendimento. Certamente não. Virginio, atento, explora desesperadamente o mapa, tenta descobrir algum ponto de referência que lhe permita situar, naquele deserto vegetal, uma latitude, uma longitude, o nome de alguma localidade, o nome dos rios ou qualquer outro indício, mas nada! O mapa, muito detalhado, essencialmente manuscrito, nada tem de oficial. Um trabalho incrível, mas incapaz de ajudá-lo.

Olhando bem, a Colônia tem a forma de uma cabeça de cavalo, seguindo as curvas dos rios que a margeiam. Na extremidade sul, o atracadouro é indicado por uma pequena cruz vermelha. Duas outras cruzes vermelhas, ao lado, foram apagadas, prova de que sua localização foi objeto de hesitação. Uma constatação: dentro do perímetro da Colônia, as terras desbravadas são infinitamente menores do que a floresta selvagem ao redor. Förster fez dois mapas em um: traços vermelhos sublinham os traços pretos do mapa inicial, e indicações na mesma cor revelam a Colônia futura. Virginio pode ler as palavras "horta", "pomar", "estábulo 1" e "estábulo 2", ao norte da Colônia, "lavadouro", "grande armazém", "alojamento A", "alojamento B", "cabana A", "cabana B" também, "estrada 1" e "estrada 2", mais a oeste. Coisas que um dia existirão? Em seus pensamentos, uma grande dúvida: aquilo não é apenas um mapa, mas um delírio revelado pelos olhos azuis e arregalados de Förster. Escritos com tinta mais fraca: "tribunal", "prisão", "caserna". Um momento de silêncio, durante o qual Förster contempla seu mundo desenhado a lápis preto e vermelho, sua cidade de papel: no centro da Colônia, o chalé de Förster, Försterhof, maior, mais escuro que os outros, no centro de uma estrela em cujos vértices, à distância, ficam grandes alojamentos comunitários que formam retângulos alongados... "Tudo isso é provisório, veja bem", retoma o Doktor, percebendo a perplexidade de Virginio, que conta três alojamentos comunitários de tamanho similar. "Eles abrigam trinta famílias, por enquanto, que sem dúvida vivem apertadas, mas todas essas famílias irão para um desses chalés", e os dedos do Doktor desenham um grande oito e se detêm nos pequenos quadrados pretos e vermelhos desenhados em pontos variados do mapa. Se um lápis os unisse com um traço, pensa Virginio consigo mesmo, os chalés desenhariam uma espécie de grande lótus murcho. "O centro é essencial", retoma Förster, dirigindo ao mapa seus olhos febris. De repente, porém, alguma coisa parece serenar seu rosto. "O centro", ele murmura, "pense na projeção da esfera sobre um plano", ele desenha no ar grandes gestos sinuosos, e uma ruga circunspecta se desenha na fronte de Virginio. "A esfera se achata; os polos e o centro se tornam uma coisa só; o alto e o baixo se confundem, assim como o superior e o inferior." Virginio se cansa. "O mais alto, mas também o mais baixo, formam o centro", continua Förster, com curiosos gestos de abraço. "Tudo está no centro, estou dizendo!", ele insiste. "Toda conversão, e Deus sabe que tudo isso", ele diz, apontando para o mapa, "implica uma conversão das almas e das ambições, toda conversão se estabelece no centro." Virginio não entende! Ou melhor, ele começa a entender que Förster é um maluco de pedra. Sorriso inquieto.

Inspiração profunda: mil hectares, no centro da floresta, sim, ele sabe, alguns diriam "perdidos no meio da floresta", ele afirma como se adivinhasse os pensamentos de Virginio. Ele já ouviu todos esses argumentos, vindos dos fracos. Olhar fixo em Virginio. Ele não se importa! No meio da floresta, mas à beira de um rio, o rio Försteriana, grande sorriso e brilho nos olhos, seus administrados concederam-lhe a honra de batizá--lo com esse nome, rio Försteriana, que com um bom piloto pode levá-los ao rio Paraná, e portanto a Assunção. Suspiro e sobrancelhas erguidas de Virginio. Então estamos no Paraguai! Meu Deus! Como ele pode ter se desviado tanto? "Quando o atracadouro tiver sido consertado, digamos em dois meses, e o barco pronto", retoma o outro, que pensa por alguns instantes, "o que não deve tardar, espero que em três meses estejamos a uma semana de San Bernardino!" Sorriso satisfeito, "e a dez dias da capital", peito inchado. Depois de um novo suspiro profundo, ele ainda diz, a voz subitamente comedida, que o essencial é a ordem, ele procura a palavra certa, se corrige: o importante é a organização, seu dedo aponta para o teto, ou para o céu, e a racionalidade, sim, retoma Förster, a racionalidade. É verdade que, no mapa, abundam ângulos retos, quadrados e retângulos, simetrias, paralelas e perpendiculares. É a única maneira de não se deixar levar pela loucura feroz daquela parte do mundo: é preciso ser mais conceitual do que em outros lugares. Virginio, enquanto isso, toca de leve o papel grosso do mapa. A umidade o deixou macio, quase pastoso e transparente em alguns pontos. "Deus é Razão, e eu sou o decreto que o serve, seu ordenança, seu oficial", murmura ainda o construtor, enquanto Virginio pensa consigo mesmo que a floresta não é um mapa, que o mundo não é um mapa, que a Colônia jamais será um mapa. Mais do que isso, que ela é a mais clara negação de um mapa, e ele acaricia de novo o papel úmido: ele não tem espessura, não tem profundidade, não tem variedade nem surpresa, nem sombra, nem inundações, nem chuva, nem lama, nem mosquitos ou doenças, e, acima de tudo, não tem homens e mulheres e crianças que se extenuam e morrem de fome. Förster tira o bastão da bota, e também acaricia o mapa, sonhador, distraído, com todo vagar. Ele parece esquecer de Virginio por alguns instantes, e olha fixamente, com um sorriso gelado no canto dos lábios, para o centro negro do mapa, ou seja, para a representação de seu próprio chalé: sem dúvida vê nele um palácio de fachadas brancas e esculpidas, jardins suspensos e abundantes, fontes vibrantes com jatos exuberantes, um exército de adoradores... Förster é uma caricatura de marechal.

2

Nice, 30 de julho de 1888

Ainda não estou em Turim. Minha situação é consequência de uma monstruosa inundação que devastou Engadina e a Alta Itália. Estou preso. A via férrea Colico-Chiavenna ainda não foi arrumada. Por favor, escreva-me para Turim, posta restante.

Teu irmão judeu.

P.S.: Miniatura: Deus crucificado é uma maldição da vida; Dionísio esquartejado é uma promessa de vida. Tudo é falso. Tudo é permitido.

3

O ARMAZÉM DOS SCHULZ.

O "Grande Armazém Comunitário". Prateleiras quase vazias com alguns tubérculos solitários e um pouco de mandioca, dois ou três sacos de sementes, um deles furado, um suporte de armas, com dez espaços e nove vazios, um longo varão metálico com algumas camisas de algodão e macacões de lona, aparentemente bastante gastos, ferramentas variadas. Virginio conta uma dezena de ancinhos de madeira, quatro machadinhas e machados terrivelmente cegos, martelos e picaretas, um arado desmontado, tonéis de madeira... Estava na caverna de Ali Babá?!

Virginio se posta na frente do varão com roupas penduradas, dizendo-se que talvez devesse trocar a camisa de crina que generosamente ganhara ao chegar ali, mas o que ele vê o desencoraja. Há roupas para vestir um espantalho, não um homem digno de seu nome. Na verdade, seu olhar se desvia para o balcão, ou melhor, para o escasso arsenal comunitário e sua única carabina Spencer. Pelo que ele pode ver, a arma já trabalhou um bocado, a coronha tem arranhões profundos, ou pedaços faltando, e as gravuras grosseiras que simulam escamas de peixe começam a se apagar...

Ao fundo do armazém, duas mulheres, magras e vestidas de preto, conversam. Falam de roupa ou comida, de horta ou colheita, farinha azul ou farinha branca, depois, com o tom mais grave, falam dos Hummer e dos Schlegling, parece que eles não foram muito prudentes, que o filho Hummer já estava doente ao embarcar em Le Havre, que eles querem ir embora... Mas Virginio não presta atenção no que dizem, ele pensa em pegar a carabina e se pergunta quanto ela lhe custará, se Förster deixá-lo andar armado.

Ele se aproxima do balcão no exato momento em que outra mulher sai dos fundos do armazém. Muito mais jovem que as duas comadres vestidas de preto, alta e magra, o pescoço fino ornado com uma gargantilha e os cabelos altos e ruivos presos com simplicidade deixam Virginio encantado. Ela se dirige com um sorriso – lábios rosa-escuro – às duas comadres e, enquanto isso, suas mãos e seus braços elegantes desenham no ar espirais sensuais. Virginio se torna contemplativo. O que ela pode estar dizendo de tão bonito? Ele se move um pouco, para a direita, um pilar escondia-lhe uma parte daquela beldade, e consegue admirar à vontade seu ventre reto, seu peito bem desenhado e seus quadris destacados por um fino cinto preto, dizendo para si mesmo que suas mãos a abraçariam com facilidade. O que faz aquela maravilha da delicadeza naquele imenso navio à deriva? Seu vestido claro, de um verde acobreado, lhe confere ares de dama elegante. Ela usa uma fita nos cabelos, também verde acobreada. Finalmente o vê, com seus grandes olhos cor de borboleta-azul, e vê que ele olha para ela, ou melhor, que a come com os olhos, mas a beldade não se abala, embora ele possa jurar que suas bochechas, duas pequenas maçãs, coram ligeiramente.

Enquanto a mais nervosa das comadres reclama com ela da farinha embolorada que o sr. Schulz lhes passara na última segunda-feira, sim, senhora, Virginio se aproxima da carabina. Uma espiada para a jovem, que lhe devolve um olhar insistente, e ele a pega – é a versão de cano curto da carabina Spencer – e avalia seu peso balançando-a com dois dedos, o equilíbrio é bom; ele a coloca sobre o olho direito, ela parece bem alinhada, pelo menos não está empenada; abre a culatra e examina o cano, as ranhuras são numerosas mas nenhuma é grosseira; ele cheira a arma, um velho cheiro de pólvora, bastante fraco, indica que não é utilizada há muito tempo; ele acaricia a coronha, depois o cano, depois o ponto de mira cinzelado, o cano de novo, sorri diante da sensação e pensa consigo mesmo que somente o resguardo do gatilho, claramente frouxo, apresenta problema, ainda que uns bons golpes de martelo possam consertá-lo. O gatilho também range um pouco: um pouco de graxa deve resolver tudo, nesse caso.

– Era a carabina do sr. Kammeir, Capitán!

A voz vem de suas costas.

Ele chegara por trás, Virginio nem percebera. Uma espécie de brutamontes, cabelos ralos e barba loira hirsuta e abundante crescendo para todos os lados, suíças e sobrancelhas bastas, e um cheiro de bicho que faz Virginio recuar. O sr. Schulz não tem um ar muito cordial, e arranca a Spencer das mãos de Virginio para guardá-la no suporte: seus gestos são bruscos, quase violentos, e revelam a falta de educação do peludo grandalhão.

– E que fim levou o sr. Kammeir?

Schulz hesita, surpreso com a pergunta, como se fosse incapaz de abrir os lábios, subitamente colados. O sujeito tem a inteligência de sua aparência: pesada e desgrenhada.

– Ela... agora pertence a todo mundo.

– Posso...

– Não! O senhor não faz parte da comunidade – murmura o brutamontes com nítido desprezo.

Virginio o julga maçante. Schulz é um camponês tosco e bronco, o que torna a sra. Schulz ainda mais encantadora a seus olhos. O casal combina menos do que uma pomba com um rinoceronte.

— E esses macacões? Posso comprar um?
— Comprar? — ofende-se o brutamontes.

O armazém fica subitamente silencioso, as duas comadres se viram para eles, e a bonita Schulz também. Expressões de surpresa, até mesmo de indignação numa das comadres de preto, que se aproxima. Virginio não entende.

— Nada está à venda aqui... Fazemos trocas, permutas. Não há dinheiro em Nueva Germania...
— Não há dinheiro?
— ...é a vontade do Doktor Förster! Não compramos nada!
— Mas...!

A sra. Schulz está a menos de dois metros, ele sente seu perfume, que lembra o dos jacintos-d'água ao amanhecer, ele vê suas sardas, no nariz, nas bochechas, no pescoço, na garganta, percebe dentes alvos e harmoniosos atrás do sorriso cheio de clemência que ela lhe dirige. Alguém já viu lábios tão rosados e generosos?

— O senhor deve dar... à comunidade o produto de seu trabalho — esclarece o marido, num tom vago. — E ele será trocado... por outra coisa, por exemplo, três medidas de farinha de mandioca... ou um dia com o fuzil.

Era só o que faltava, pensou Virginio ao deixar o armazém, a cabeça cheia de curvas e sardas. Para sair dali, ele precisaria levar a carabina, surrupiar dois ou três sacos de farinha, esperando que não estivessem podres, alguns machados... Ele se vira para o rio e se aproxima do atracadouro: sua piroga está ali, a proa quase afundada, o sangue de Pedro ainda colorindo a popa. Ele estremece e vira o rosto, é mais forte do que ele. Ao longe, Förster, a cavalo, acompanha seus movimentos. Com um olhar longo e pesado. Schulz está atrás dele, com a cabeça baixa e servil, ar hipócrita. Cochichando coisas. Virginio fica preocupado: deve cuidar para que não adivinhem seus planos.

4

A MANHÃ LOGO CHEGARÁ, com sua tranquilidade, sua bruma, sua explosão de gritos e cantos. O tom alaranjado no céu do leste, atrás de altas árvores escuras. A Colônia nos braços de Morfeu. Virginio se esgueira pela pequena abertura de seu quarto, sem fazer barulho: na rua, a poucas dezenas de metros, a sombra de um colono alimenta os animais. Infiltrações atrás das linhas inimigas para o tráfico de negros brasileiros ou argentinos tinham lhe conferido um instinto de felino, ele sabe ser invisível e silencioso. Levemente curvado, pés e torso nus, ele avança na direção da horta principal. Ali, atrás de uma sebe selvagem, mantém-se à espreita.

Há três dias, ele observara um estranho vai e vem: Förster, depois a pequena Katryn, pela manhã, indo para a floresta por um caminho discreto, Katryn com dois grandes cestos, Förster com ar feroz, virando-se para ter certeza de não estar sendo seguido ou visto, empurrando a pequena Katryn com pressa e desaparecendo com ela atrás dos galhos mais baixos. Uma hora depois, eles voltam, tão discretamente quanto haviam ido, Katryn sem cestos, mas aos prantos, o rosto vermelho, encurvada, e Förster, satisfeito e enigmático. No dia seguinte, na mesma hora, mesmas pessoas, mesmos cestos, mesmas lágrimas e mesma ambiguidade. Dois dias depois, a mesma coisa. O suficiente para deixar Virginio morrendo de curiosidade.

A floresta se torna verde, o sol se levanta, e os colonos junto com ele. De seu esconderijo, ele avista a senhora Schumacher, uma loira bonita, magra demais para o seu gosto, atravessando a estrada principal da Colônia para ordenhar as vacas, uma de suas filhas correndo atrás dela, descarnada, com pernas de mosquito, que logo para, sem fôlego, e começa a choramingar. Virginio não lhe dá nem dois meses de vida naquele inferno! Na direção do atracadouro, é o pai Gottlieb, não muito à vontade, quem arrasta dois grandes baldes de água para levá-los às cabras e aos porcos; um pouco adiante, o laranjal e os Markel com suas caras sombrias, vazias, austeras, suas pequenas bocas finas, seus gestos macabros. Virginio falara com eles uma ou duas vezes, mas teria preferido perder uma dúzia de dentes; sempre juntos, sempre sombrios e coléricos, praguejando e murmurando contra a chuva da noite, a floresta que cresce mais rápido do que eles conseguem desbravá-la, o clima, a terra que não pode ser lavrada, o calor espesso e sufocante, os animais que não produzem, a Colônia que definha, os colonos que se exaurem, e Förster que fizera promessas e não as cumprira, que os instalara no alojamento comunal número dois e não num chalé individual, que se esconde, que os engana, embroma, enche de falsas ilusões, que lhes oculta a verdade e empurra todos para um fim trágico, e blá-blá-blá... Era a primeira vez que Virginio ouvia críticas sobre a Colônia, sobre suas possibilidades e seu futuro, e pelo que ele sabia, os Markel eram os únicos a fazê-las. Ao menos tinham esse mérito.

Sons de galhos quebrados, subitamente. O sol começa a tocar os chalés; cochichos, não muito longe, a menos de dez metros de onde ele está. Ele tenta enxergar alguma coisa atrás dos arbustos e entrevê, de costas, Katryn e Förster entrando na mata, ele atrás dela, uma mão nas costas da jovem. Virginio espera alguns segundos e vai atrás deles, passando de tronco em tronco, esgueirando-se atrás das folhagens, lembrando-se dos anos de guerra suja, agachando-se para não ser visto, enquanto o Doktor, desconfiado, não para de olhar para trás. A caminhada dura um bom quarto de hora, é árdua, e Virginio, preso em espinheiros e arranha-gatos, amaldiçoa-se por estar com o torso nu, todo arranhado e sanguinolento, até que os dois pombinhos diminuem a velocidade e começam a descer uma pequena colina escarpada; ela segura o braço dele para não cair, ele se agarra aos galhos, Virginio ouve-os suspirar e gemer sob os esforços repetidos. Pequeno arrulho risonho da jovem. Ombros baixos, ele faz uma pausa e se pergunta se tudo será em vão, se não deve deixá-los descer sozinhos, deixá-los a sós, afinal de contas aquilo não é problema seu. Ele então vê que eles se aproximam de uma cerca de arame farpado em torno de uma pequena cabana de teto de palma, atrás dos arbustos da floresta, quase invisível. Virginio franze as sobrancelhas. Förster empurra uma barreira coberta de arames farpados, depois começa a abrir o pesado cadeado que fecha a porta da cabana – que cabana é essa? Como apareceu ali? Por que tanto segredo para chegar até ela? –, ele pena para abri-la, empurrando a porta ao mesmo tempo que olha por cima do ombro, extremamente preocupado. Ele krageja, mas de maneira inaudível e abafada, para dentro da barba, e ao lado dele, a pequena senhorita bate os pés sem pudor. O que significa aquele cadeado? Aquela cerca? Com certeza nao se trata de um simples ninho de amor. Que segredo, que tesouro é guardado lá dentro?, pergunta-se Virginio, deitado na lama como um predador à espreita. Pequena observação: nenhuma janela na cabana! A porta finalmente cede num estrondo e Virginio surpreende Förster levantando o casaco para ter certeza de que o revólver de cano curto continua em sua cintura. Ele contém Katryn, para entrar na frente. O que aquela grande caixa encerra, para inspirar tanta prudência? Os jacus, as araras, os tucanos e os urutaus se calam, os papagaios também. É melhor assim, ele está farto de seus gritos, mas o silêncio sempre é um sinal de que alguma coisa incomum acontece na floresta. Depois de alguns minutos, Virginio nota que, desde que eles chegaram naquele buraco, uma espécie de torpor invade a floresta. Como se os macacos e os pássaros tivessem fugido para longe, para o outro lado do mundo. Naquele silêncio, alguns murmúrios se destacam. A voz de Katryn, fraca, a de Förster, mais rara, e uma terceira voz, que parece ronronar e zumbir. Um homem ou um animal? O tempo passa. Virginio se levanta e volta à Colônia. Viu e ouviu o suficiente, por enquanto.

5

Ficha de caracterologia Nº 68

Redigida em 3 de julho de 1888
Objeto: sra. Elisabeth Förster-Nietzsche, 42 anos.
Função: conselho e estratégia.
Caracterologia: hipertipo sentimental melancólico.
Sensibilidade moral delicada e sentimento muito intenso de suas próprias misérias. Sempre encontra motivos para se entristecer ou se preocupar.
Inteligência sobressubjetiva, isto é, incapaz de sair de si mesma para elevar-se ao conhecimento científico ou global. Dificuldade para a especulação abstrata. Tudo é pessoalizado.
Forte desejo de ser protegida e de proteger. Desejo insensato de maternidade. Teme o movimento: atividade externa quase nula.
Convicção por imitação: não pensa de maneira autônoma. Os obstáculos a impedem, na melhor das hipóteses, de se estimular.

Fé ingênua. Fé vacilante.
Antissemitismo confirmado e autêntico. Interroga-se sobre a Causa.
Instinto sororal problemático. Sonha-se como Antígona.

6

Toro Pichaí, o Major Selvagem de olhos de ouro, estava acostumado aos "*tribunales de sangre*" e à justiça a cavalo. Virginio o vira presidi-los uma boa dezena de vezes: ereto, o peito alto, o timbre claro, sem hesitação, orgulhosamente montado em Áticos, ele distribuía a morte ou o suplício. Förster, sem saber, o imita. Toda a Colônia se reúne na pequena praça que prolonga o jardim de Försterhof, os homens atrás, as crianças e as mulheres à frente: caras sombrias, silêncio grave, todos olham para um pequeno casal, o ar pesaroso e consternado, o rosto vazio paralelo ao solo. Virginio só tem olhos para a mancha verde-oliva que é o vestido de fru-fru da sra. Schulz na primeira fila. Ele não tem certeza, mas tem a impressão de que ela tem plena consciência de que ele está ali, naquele lugar, à espera de seu olhar como se à espera de uma estrela cadente.

O cavalo branco do Doktor relincha com força.

– Senhor e senhora Wolf, vocês sem dúvida sabem por que estão aqui – grita Förster, o pescoço estirado para o céu.

O casal se encolhe ainda mais. Os dois contra ele, em seu cavalo, sozinhos contra todos, até constituir uma única e mesma massa colada à lama. Uma massa muda e cinza.

– Senhor Wolf, o senhor quis comprar duas mulas, sacos de mandioca e uma roda de charrete do comissário das trocas, ou seja, do sr. Schulz, aqui presente. O senhor ofereceu uma quantia em dinheiro, tenho uma cópia do interrogatório aqui – ele ameaça, movendo o ar com uma folha amarela cheia de rabiscos.

Silêncio. Virginio avista, atrás da audiência, o delator Schulz.

– Não sabem que o comércio foi proibido em Försterland?

Todos exibem rostos de pedra.

– Que o comércio é uma invenção judia?

E Förster, com o rosto fechado, de pé no estribo, ergue os braços; Virginio o imagina desembainhando um sabre.

– Que banimos todo recurso ao dinheiro, coisa impura e mestiça? Não sabem? Querem fazer de Nueva Germania um mercado judeu? Os mesmos de quem vocês fugiram, de quem todos fugimos? Querem que todos nos tornemos asiáticos?

Ele fecha os olhos.

– Asiático o espírito, asiáticos os vícios! No sangue de vocês! O judeu pensa por vocês, em vocês, ele se imiscui em vocês! O senhor é judeu, sr. Wolf? A senhora é judia, sra. Wolf?

O Doktor volta a se sentar, deixando escapar um longo suspiro; ele abre os olhos, parece contemplar cada um dos dois, olhos nos olhos, calmo, atravessando-os, em busca de suas almas. E num suspiro, quase inaudível:

– Mas esta não é a acusação principal.

Gesto de negação com a cabeça. Falso ar desolado.

– Por que essas aquisições? Por que essas provisões?

Seu olhar vai além dos Wolf e pousa na assembleia:

– Vocês sabem, meus amigos, meus irmãos?

O casal se prostra ainda mais. Virginio surpreende um movimento à janela do Försterhof, uma cortina que se abre, a sra. Förster se autoriza um olhar indiscreto, de alguns segundos, demorando-se no cavaleiro, olhar neutro, e pousando sobre a multidão que o cerca, com indiferença. Nada para os Wolf.

– Porque o sr. e a sra. Wolf querem nos deixar, caros amigos, meus irmãos!

Na assembleia, atrás de Virginio, um leve estremecer, murmúrios...

– Sim, ir embora, é isso que querem. À noite, sem dúvida, discretamente, como bandidos! Depois de terem rapinado, não, pior, depois de terem negociado uma mula, batatas, cenouras, sacos de mandioca, não sei o que tinham na cabeça, tudo o que nós, todos nós, cuidamos ou mantivemos, tudo o que produzimos.

Sua boca se retorce, expressando, à medida que fala, cada vez mais desprezo.

– O sangue, o suor, o trabalho da Colônia para traidores, caros amigos, meus irmãos? Para ir embora? Vocês percebem?

E, com uma voz de barítono, de pé no estribo:

– Traidores odiosos! Ninguém vai embora assim... Sou Régulo, de olhos grandes e pálpebras costuradas, vejo tudo, e a luz da verdade não me assusta.

Ele se inclina sobre o casal.

– Vocês nos devem suor, sangue e trabalho. Precisamos lembrá-los de que essa vida que fez a glória de vocês até o momento foi selada, de certo modo, como gostam de dizer...

Num tom quase histérico:

– ...seus inspiradores judeus...

E, exalando de uma só vez:

– ...a crédito?

Ele finge rir.

– Querem que eu os leve até um Rothschild-Stein de pele escura para explicar-lhes o que é o crédito?

Ele volta ao tom e ao ar de barítono de um ator trágico:

— Aqui, não vivemos por ouro! Ou por dinheiro! Não! Não! Oferecemos graça, redenção, oferecemos a maior oportunidade que a humanidade jamais conheceu desde os grandes dias da história evangélica!

Leve afastamento do cavalo e um murmúrio da sra. Wolf. Ninguém ouve. Förster, furioso, avança um passo, e a sombra do cavalo encobre os Wolf.

— O quê?

— Hans, Doktor Förster — repete a sra. Wolf, a voz e o queixo um pouco mais altos, mas sem audácia.

Förster se mantém em silêncio, levemente desestabilizado; todos se calam. Virginio poderia cortar o ar que o cerca. A sra. Wolf continua, encorajada pela hesitação do doutor:

— Hans tinha dez anos, doutor, dez anos de inocência...

— E?

— Este lugar o matou...

— ...

— Dez anos!

— Uma fatalidade! — retomou Förster, sem se deixar abalar.

— Não, não foi uma fatalidade, mas uma maldição, doutor, uma maldição... As plantações apodrecem, os animais morrem todos os dias...

— "Nunca ceder diante dos obstáculos!", esse é nosso lema...

— O senhor anuncia há meses a chegada de novos colonos, o moinho, o barco ou o porto, mas nada acontece, e temos fome, todos, doutor, e nada melhora...

Movimentos entre os colonos.

— Preguiça...! E os novos membros não tardam!

— Estamos morrendo.

— Derrotismo...!

— As doenças, o contágio...

Ela mostra o pescoço, cheio de grandes placas avermelhadas com pintas pretas. Atrás dos Wolf, na primeira fila dos colonos, a sra. Schulz enxuga uma lágrima, que não escapa a Virginio, não mais que os pequenos olhares furtivos que ela lhe lança, olhares rápidos mas insistentes, inocentes mas interessados. O coração de Virginio para de bater a cada vez, depois volta a martelar com toda força.

— Vivemos colados uns aos outros. Quando seremos autorizados a construir nosso próprio chalé? – continua a sra. Wolf, enquanto seu marido se aproxima cada vez mais do chão.

— Egoísmo...! – sentencia Förster.

— Onde está sua compaixão?

— Para quê? Cidades não são construídas com lágrimas e compaixão.

— Mas... mas tudo começa com elas, doutor...

— Tsss-tsss, chega de lamúrias. Este lugar é impossível, a senhora diz, mas é porque ele é impossível que estamos aqui! Que outra nação poderia colonizar e civilizar essa região, se não a grande Alemanha? O trabalho é duro, a senhora diz, mas quem não trabalha nega a si mesmo. O trabalho é ariano, a senhora sabe, e o comércio é judeu.

O cavalo, contaminado pelo nervosismo do cavaleiro, relincha e rodopia, desenhando grandes círculos em torno dos Wolf.

— Precisamos vencer! Esta Colônia, estas casas, esta estrada e este porto são sinais da Graça. Nosso fracasso, entende o que isso significa? Nosso fracasso seria uma lança enfiada no flanco de Deus...

Ele inspira fundo, enquanto todos os outros trancam a respiração. Até as crianças ficam imóveis, como que atingidas pela intensidade da voz do Mestre, que se torna mais suave.

– Vocês não serão duramente punidos, em lembrança de seu menino. E porque aqui somos todos irmãos. Vocês podem ir embora, sr. e sra. Wolf, é claro...

E, num tom ainda mais melífluo:

– ...mas precisam fazê-lo com seus próprios meios, entenderam? Ou seja, depois de terem devolvido sua parte ao Estado paraguaio, de maneira honesta! Até lá, parece-nos adequado mantê-los à parte, pois vocês se queixam de estarmos vivendo uns em cima dos outros... O sr. Wolf irá para o antigo alojamento dos operários indígenas, a sra. Wolf ficará no alojamento número dois.

– O alojamento dos operários... – murmurou o sr. Wolf.

Virginio percebeu a angústia do olhar do pobre homem.

O cavalo de Förster dá meia-volta, na direção da estrebaria, a assembleia se dispersa em silêncio, deixando no meio da praça, como uma pilha de lenha velha, os Wolf abraçados um ao outro. A sra. Schulz, no meio da multidão que se afasta, se vira para Virginio: seus lábios – de um rosa quase carmim – não esboçam um sorriso?

Então Virginio compreende que a beleza de uma mulher se alimenta do drama. E também que ele precisa sair daquele antro de degenerados o mais rápido possível!

7

Turim, 21 de agosto de 1888

Querida irmã,

Rogo-te que me deixe em paz com esse bufão do Wagner! Nesse ponto, não tolero qualquer contradição. Sou, sobre a questão da decadência, a mais alta instância que há na Terra. Os homens de hoje – e conto entre eles os idólatras de Bayreuth –, com sua lamentável degenerescência dos instintos, deveriam considerar-se felizes de terem alguém que lhes sirva um vinho puro. Aquele bufão entendeu como despertar a crença. Sua "última palavra", quero dizer com isso seu Parsifal, é fruto do gênio, mas de um gênio da mentira. Eu mesmo tenho a honra de ser o seu inverso – um gênio da verdade. Não há nada de mais mentiroso do que os santos e seus apóstolos. É a verdade que fala em mim.

Mas ela é assustadora!

Estou prestes a terminar o primeiro livro de minha Inversão de todos os valores. Recuperei as forças. Serão quatro livros. Dessa vez, trouxe minhas maiores armas, velho artilheiro que sou.

É uma verdadeira declaração de guerra. Contra os alemães. Contra os cristãos. Contra os wagnerianos. Tenho medo, ao atirar, de explodir a história da humanidade em duas partes.

Nietzsche

P.S.: Sinto o ódio mais profundo pela repugnante sexualidade da música wagneriana.

8

"É HOJE", diz Katryn, cheia de emoção, correndo na direção do grande portão da Colônia. "É hoje", repetem os Weisler e os Schumacher, que a seguem de perto. "É hoje, é hoje", cantarola o pequeno Emil Handke, puxando a camisa de Virginio, o mesmo garotinho que comia terra embaixo da saia da mãe na primeira vez que ele o viu. "É hoje", diz Förster com um ar enigmático e um sorriso desmesurado, que lhe cinde o rosto e lhe abre a barba, uma mão protetora pousada no ombro de Virginio. A manhã já está sufocante e uma agitação fora do comum alvoroça a Colônia. Flores e guirlandas. Penduradas nos arames farpados. Grandes chapéus na cabeça das mulheres e gravatas no pescoço dos homens. Garotinhas com vestidos coloridos.

    O portão da Colônia é austero: duas grandes estacas pretas de cada lado da estrada, troncos mal aplainados de quatro metros de altura, um rendilhado em madeira na forma de onda, que Lötke, o antigo carpinteiro, levou dois dias para esculpir. Pode-se ler, em letras grosseiras e maiúsculas, o nome "Nueva Germania". Troncos de quebracho, madeira escura e dura. Depois, de cada lado, estacas interligadas por uma série de arames farpados. A perder de vista. Naquele dia, porém, aquela madeira escura e aquele alto portal são ornamentados com flores de orquídeas e bromélias, que as jovens mulheres da Colônia colhem em grande número há vários dias, vermelhas, brancas, alaranjadas e amarelas, reunidas em pequenos vasos. "É hoje!", elas repetem, dispondo-os com minúcia sobre os arames, as estacas e as letras da "Nueva Germania". Perto do chalé de Förster, mais adiante, dois colonos se dedicam a montar um pequeno estrado de madeira, e ritmam suas marteladas a esse coro singularmente alegre.

Depois, sob o pátio do Försterhof, Frau Nietzsche aparece, a alguns passos de Virginio. É a primeira vez que ele a vê de fato, e de perto: vestido preto espartilhado, coque, nuca livre, pescoço estreito com um colar apertado, um fio vermelho que parece lhe cortar a cabeça, busto frágil, minúsculo chapéu escuro, véu de gaze, olhos que mal se detêm sobre Virginio, sombrinha de renda pousada no ombro; "a pequena duquesa" – como Katryn a chama – não tira os olhos do grande portal e, para além dele, da estrada que atravessa a floresta. Ela senta na grande poltrona de palha, volta a erguer nervosamente a sombrinha, senta de novo, levanta mais uma vez, anda em círculos. Parece a mais impaciente de todos!

– O que teremos hoje? – pergunta Virginio a Förster, não aguentando mais aquele mistério.

– A chegada dos novos colonos! Duas famílias de Köln, os Schuster e os Niemeyer, admiradores de longa data. Dois casais com seus filhos. Nove ou dez colonos de uma só vez. Köln! Consegue imaginar?

Suspiro de satisfação. Ele continua, agitado:

– Eles chegaram a Assunção há vinte dias. Saíram de lá cinco dias depois. Foram vistos perto do ponto de travessia do rio San Pedro no dia 15 deste mês, um pequeno comboio de cinco carroças. Devem chegar ao longo da manhã.

– E... o senhor não teme que tenham maus encontros?

– Que encontros? – pergunta Förster.
– Com os índios! Os que nos atacaram.
Förster ri. E com vontade!
– Pense bem. Eram garotos brincando.

Os preparativos para a festa duram o dia inteiro. As árvores não caem, o atracadouro não fica pronto, os chalés não são construídos, mas a Colônia cresce: é hoje que eles chegam!

Ao longo do dia, dois jovens são regularmente enviados ao local de travessia do rio, atrás da pequena colina, como batedores, para terem uma ideia do avanço dos novos colonos. Eles sempre voltam de mãos vazias, até o pôr do sol: ninguém, nenhum sinal, nenhuma carroça, nenhum comboio, nenhum Niemeyer e nenhum Schuster! Os colonos ficam de cara fechada, lê-se preocupação em seus rostos. Por que o grupo não chega? As mulheres e as crianças voltam para casa, uma grande fogueira é acesa perto do portão e os colonos se postam em torno dela como estátuas de cera que derretem à medida que a escuridão avança.

A noite cai e, umas boas duas horas depois, luzes amareladas finalmente chegam ao portão. Uma única carroça, vários vultos, rodas rangendo, ventas resfolegando e soltando vapores fantasmagóricos, vozes baixas que se fazem ouvir, murmúrios cheios de apreensão, perguntas inquietas. Os colonos emergem de um sono traiçoeiro, se levantam e avançam timidamente na direção do grande portão da Colônia. Eles não sabem mais se devem cantar, abrir os braços em sinal de acolhida ou dançar, os corpos estão cansados e as mentes, intrigadas.

Por que chegam tão tarde?

Eles abrem as portas, as dobradiças rangem e gemem. Por que uma única carroça, por que aqueles cochichos temerosos? Virginio também está ali, e ele também, a cabeça caída para trás sob um véu de estrelas, acorda com dificuldade. Mas ele percebe o mal-estar circundante e logo compreende sua natureza: a carroça tem flechas e dardos ornados com plumas vermelhas cravados em alguns pontos, um pedaço de lança arrasta no chão e, ao lado dos cofres e malas, deitado e coberto por um lençol, vê-se um cadáver. Nenhuma música, nenhum coro, nenhum canto, ele é recebido pelo silêncio, um silêncio lento e doloroso.

Förster chega, o passo alerta, semblante sério e atormentado. De raiva, arranca o pedaço de lança.

– Quando? – pergunta, sem preâmbulo.

– Noite passada – responde da carroça uma trêmula voz de homem.

– Onde estão os outros?

– Lá! Mortos!

– Quantos?

– Sete. Somos os últimos três – diz outra voz, de mulher. – Henrich, meu filho, está ali atrás, embaixo do lençol... Uma flecha atravessou-lhe o peito.

A voz masculina:

– Os Niemeyer ficaram. Todos! Estavam um pouco atrás, por causa de uma roda da carroça, que enguiçava. Os selvagens saíram da floresta, gritando como condenados; caíam das árvores aos bandos, eram vinte, trinta, cinquenta...

Ele respira fundo. Seu pulmão parece chiar e apitar, numa tosse molhada, o sujeito parece um tuberculoso. O que veio fazer ali?, pergunta-se Virginio, a floresta não é um sanatório.

A voz feminina, hesitante:

– Eles arrastaram Frida Niemeyer por vários metros, a mais jovem das filhas, ela tinha dez anos, e quebraram seu crânio a golpes de machado. Fizeram o mesmo com seus dois irmãos e com sua irmã. Os pais correram para a floresta para fugir, mas...

— Sim?

— Ouvimos seus gritos logo depois. Gritos... terríveis! Estão todos mortos, todos. E tenho certeza de que foram devorados.

Soluços.

— Quem é o Doktor Förster? — retoma a mulher da carroça, a voz ainda trêmula, mas com outro tom, em que o ressentimento substitui o medo.

Förster dá um passo para frente, e seu rosto se destaca sob a fraca claridade da fogueira. Na noite escura, veem-se apenas seus olhos faiscantes. Virginio tem certeza de uma coisa: ele perdeu a vontade de rir.

— Eu...

— O senhor nos prometeu um mundo novo, uma "Redenção", como escreveu em sua carta, Doktor Förster! Atravessamos um inferno povoado de selvagens assassinos e canibais. O senhor nos enganou, não é mesmo? Porque o senhor sabia!

Virginio, como todos, se volta para Förster: rosto de aço, olhos vazios, perdido em pensamentos.

É nesse momento que surge, do meio da noite, o rosto alegre e o vulto saltitante de Elisabeth Förster-Nietzsche.

— Bem-vindos, sejam todos bem vindos! Sou Elisabeth Nietzsche, podem me chamar de Eli. Bem-vindos ao Paraíso. Que grande dia!

Seu rosto é uma mancha amarela na escuridão. Claramente, não foi informada das atribulações de seus hóspedes. Ela insiste:

— Espero que a viagem não tenha sido árdua demais. Onde está a adorável sra. Niemeyer? E a sra. Schuster?

Um longo silêncio se faz, perturbado apenas pelo estertor dos dois colonos que tiram o corpo do jovem Schuster da carroça. Ela vê o lençol que cobre o corpo do rapaz, finalmente percebe a atmosfera dramática, a perturbação que paira sobre todos, e fica estática.

— Meus Deus, o que aconteceu?

Förster se aproxima, murmura-lhe algumas palavras explicativas, grave, a cabeça baixa, seus murmúrios se misturam e produzem um zumbido como o dos insetos.

— Oh, coitados...! Todos...? Mas por quê? Por que os selvagens fizeram...?

Depois, num tom mais seco, após um breve silêncio.

— E o correio...?

— Não sei, Lisbeth...

— Eles trouxeram as cartas de Friedrich...?

— Mais tarde...

— Não, preciso saber como ele está...

— Mas, querida...

— [Inaudível.]

— Mas eu não posso...

— Claro que pode! Você é Förster e nós estamos em Försterland.

— [Inaudível.]

— Pergunte se foram buscar o correio!

— Não, não posso... O filho!

— Pergunte, estou dizendo! É urgente!

Förster, subitamente envelhecido e arqueado, aproxima-se da carroça dos recém-chegados e da pobre sra. Schuster. Murmúrios, depois vozes que se elevam. Por fim, soluços.

Virginio se afasta, aquela gente o cansa.

9

Uma chuva selvagem. E torrencial. Uma nuvem cinza cai sobre a Colônia, e um rugido contínuo a faz tremer desde o alvorecer. As lavouras estão cobertas de lama, os animais imóveis embaixo das árvores, que não os protegem com eficácia, os telhados de palha começam a cair, o atracadouro está abaixo do nível do rio, que em poucas horas sobe um bom metro. Os campos, as barracas e os colonos naufragam. À entrada de Försterland, ao longo dos arames farpados, em torno do grande portão escuro, as guirlandas de flores murcham a olhos vistos e os painéis recém-pintados em homenagem aos novos colonos desbotam e escorrem sua tinta branca e vermelha. A rua central é um rio.

Virginio está encharcado. A camisa colada ao corpo, as calças também, ele pena para abrir os olhos diante da violência da chuva. No entanto, está num lugar elevado e sob a cobertura relativa das primeiras árvores da floresta. Empoleirado numa das plataformas que Förster construiu junto à cerca. Há três delas a cada cinquenta metros, na fronteira leste da Colônia; o Doktor prevê mais quinze, divididas entre a fronteira norte e a fronteira sul, a espaços mais ou menos regulares. Seu objetivo: evitar um novo ataque dos índios. Ou melhor: evitar qualquer tipo de intrusão. Virginio, Küke e um certo Streckfus, cada um armado de uma carabina; Virginio com um Henry, tentam ver através da chuva, das sombras que ela produz, das sombras da floresta, à espreita de toda movimentação suspeita. Küke já acendeu duas vezes a grande tocha à sua frente, desencadeando um início de pânico entre os colonos mais próximos: gritos de mulheres e crianças, aparições aleatórias de colonos armados, prontos para o ataque, cavalgada de Förster no cavalo branco, até que tudo voltasse à ordem, uma ordem relativa, calma e tensa ao mesmo tempo. Desde a véspera, e daquilo que alguns chamam de "o massacre", os rostos se fechavam, os corpos se contraíam, os passos se tornaram mais lentos, as conversas rarearam. Lágrimas, ombros baixos, palavras cansadas. Desolação. E um ambiente de estado de sítio: o vilarejo se fecha sobre si mesmo. Uns em cima dos outros, ainda mais do que antes, longe das cercas, sempre cuidando-as com um olhar preocupado, oblíquo e desencantado. Novas ordens são dadas: não sair de Nueva Germania; não abrir o portão, que foi reforçado e pregado com tábuas; não ir ao rio nem à floresta; reduzir os deslocamentos; em qualquer movimentação fora da zona central da Colônia, andar acompanhado por um companheiro armado, e com uma trompa para soar o alerta. Até que tudo se acalme, que todos se tranquilizem, que os índios voltem para suas casas, nos altiplanos. O pânico é generalizado, de certo modo, reflete Virginio, que contempla com ironia alguns tetos da Colônia sob seus olhos. Pequenas nuvens de vapor encimam a paisagem: chuva fria sob tetos ardentes.

A geometria da cidade lhe salta aos olhos: grandes árvores em torno de uma pequena clareira artificial, que tem em seu centro Försterhof e seu imponente teto de palha comprida, construído sobre uma pequena elevação que lembra uma colina feudal. A alameda central, traçada a régua, do portão até o rio, que divide a Colônia em duas partes mais ou menos iguais. Depois, a partir do Försterhof, distribuídos em constelação, os chalés dos colonos, ao fim de algumas veredas, como as extremidades de braços esticados e torcidos. Virginio conta uma dezena. Mais adiante, os tetos austeros dos alojamentos comunitários, o teto do moinho, perto do rio, o atracadouro e a orla norte da Colônia, grande muralha de vegetação. Försterhof é como o coração e o cérebro daquele conjunto. De seu gabinete, o Doktor – Virginio logo percebe isso – domina o lugar: ele pode ver os chalés, o armazém comunitário, vigiar a horta, o moinho, controlar a forja, o atracadouro e até mesmo o portão de entrada. Nada pode lhe escapar.

Um som às suas costas. Atrás das grandes árvores compactas. Galhos que se quebram, folhas que se mexem. Ele se vira, aperta o fuzil contra o ombro, cano para baixo, perscrutando a vegetação. Que inúteis aquelas pequenas torres de madeira! Ficam tão perto da floresta que ele não a vê, não a penetra. Como se estivesse na frente de um muro. São torres mais adequadas para vigiar a Colônia do que seu entorno verde. Küke, na sua, também ouve alguma coisa, e mantém a floresta na mira, inutilmente. Para quem, para o quê aponta seu fuzil? Enxerga alguma coisa? Sensação de estar sendo observado. Não é a primeira vez: quando subiu a torre, ao amanhecer, ele teve a sensação de estar chegando atrasado, de que outros já estavam ali, à sua espera. Ele contrai os olhos, coloca a mão sobre a fronte, mas não adianta, a chuva torrencial o cega.

– Está vendo alguma coisa? – ele pergunta a Küke, que nao o ouve.

Perto do portão, sombras parecem se mexer.

– Küke! Perto do portão, dois vultos, está vendo? – ele grita mais forte, engatilhando o Henry.

Ele não tem ilusões; daquela distância, com aquele tempo, não tem chance alguma de acertá-los. Küke se vira para Virginio, faz sinal de que entendeu. Sua torre está mais perto do portão que a de Virginio: ele o inspeciona por longos segundos – talvez eles devessem descer? –, e acaba fazendo um sinal a Virginio, dois dedos acima da cabeça, como chifres.

– O quê?

Mesmo gesto. Virginio não entende nada! Küke, mais alto:

– Cabras! Devem ter se soltado.

Cabras? Virginio desengatilha a arma, sobrancelhas franzidas, um tanto cético, olhos fixos no portão. Quase todas as flores que o ornamentavam desapareceram, suas pétalas enchem o chão, em poças de lama espessa. Não sobrara nada da decoração da véspera.

Os Schuster! Ele faz uma careta ao pensar neles. Fazer toda aquela viagem para morrer na lama e sob as flechas dos índios. Ele se lembra do ataque de que fora vítima e da violência fria dos indígenas, seus gritos, a lâmina de seus facões. Isso e a chuva, ele estremece. E recorda alguns pedaços das conversas do dia anterior. Förster dissera que eles estavam a apenas doze ou quinze dias de Assunção, e a cinco dias de um ponto de travessia do rio. Em sua cabeça, um mapa começa a se desenhar: Assunção, o rio, a travessia, San Bernardino, outra colônia que parece pouco distante, e um pequeno caminho em pontilhado para fugir de Förster e de suas loucuras. Mas resta um problema: os índios estão à espreita, em torno de todos os pontilhados, ele os vê em emboscadas com armadilhas de todo tipo, os pontilhados se apagam, ele se perde, há índios por toda parte, em becos sem saída, em vias infinitas. E eles têm fome, os dentes afiados. Ele vai precisar se preparar muito bem para isso: uma excursão como aquela não pode ser improvisada. Ele vai precisar de armas – um olhar para o armazém comunitário; de um cavalo, sem dúvida – um olhar para a estrebaria; de comida, porque a floresta é mais do que avara, a horta está logo ali, não será muito difícil pilhá-la; e talvez de um cúmplice. Sozinho, ele não conseguirá! Mas seu olhar se perde: quem poderia acompanhá-lo? Quem seria o menos louco entre todos aqueles lunáticos?

10

Pela manhã, o jovem Friedrich Schuster foi enterrado. A mãe lacrimejante prometera, na véspera, incansavelmente, que levaria o filho de volta a Köln, que o enterraria lá, que cavaria seu túmulo com as próprias mãos, mas que nunca, nunca mesmo, deixaria o filho, o sangue de seu sangue, naquela terra enlameada, no meio daquela floresta e de seus ogros; não! Nunca! Depois, a doce sra. Schulz, com sua graça, suas bochechas coradas, seus olhos dourados e suas palavras ternas, trouxera a coitada de volta à razão, ao menos a uma loucura menos intensa. Ele seria enterrado ao pé de uma samaúma, junto com os "pioneiros": o pequeno Wolf, dez anos, morto de uma terrível difteria; a pequena Maria, oito anos, que arrastava um escorbuto desde o desembarque no Uruguai, morta na véspera da inauguração da Colônia; o jovem Hummer; a sra. Spenker, da infecção de uma picada de inseto; o sr. Kaimer, morto de cansaço depois de apenas dois meses... No total, dez túmulos, dez pequenas cruzes de madeira branca cobertas de letras góticas em vermelho ou preto, que Virginio, durante todo o enterro, contemplou com espanto. Curiosamente, ele não se perguntara a respeito de um cemitério, talvez uma comunidade tão recente, tão pequena, pudesse começar sem precisar de um.

Todos cantaram, choraram, sofreram, abraçaram a mãe, abraçaram o pai, acalentaram sua dor, enxugaram suas lágrimas, colocaram flores de orquídea de cores fúnebres sobre o túmulo, a Colônia inteira presente, assustada, Clara Schulz, seu esposo grosseiro, a Förster-Nietzsche, indiferente, o olhar perdido, Katryn, arrasada; todos se calaram, se recolheram, a cabeça baixa, alguns com o corpo convulsionado por soluços, outros com o corpo atravessado por calafrios de medo, depois o céu se cobriu de nuvens cinzas e escuras, e todos se voltaram para o rio, para o caminho que o acompanha e que segue até o centro da Colônia, chega ao moinho, à horta e ao armazém comunitário. Todos, com exceção dos Schuster, plantados no meio da lama como duas árvores fustigadas, e com exceção de Förster, em seu grande cavalo branco vestido de preto, que exigiu que Virginio o seguisse até Pastorea Tuya, não muito longe, a alguns metros do cemitério.

Pastorea Tuya, a nordeste da Colônia, perto do rio invadido pelos jacintos. Lá, em quadrados de arame farpado de três fios, algumas magras pastagens, as primeiras da Colônia, e uns vinte bovinos raquíticos e ossudos pastando uma lama pantanosa. Dois touros, dez bois, algumas vacas. Grandes chifres cortados, olhos cobertos de moscas e mosquitos, tetas arrastando no chão. É um rebanho pequeno, mas os colonos de Nueva Germania são vegetarianos. Nada de carne, pouco leite, todos têm a pele fina como pergaminho e olhos vazios: um tormento diário. Aqueles são animais de carga, não animais de carne. No fundo do cercado, uma vaca preta e enlameada está deitada de lado e pena para manter a cabeça erguida. Moribunda.

– O senhor não entenderá nada de nossa Colônia se não entender isso, Capitán – diz Förster apontando para um dos touros, um animal particularmente feio, ruço, pelos longos e sujos, um chifre torto, o outro quebrado, olhos saltados e escuros que os encaram sem interesse.

Virginio demora para recuperar o fôlego, o ar ronca em seus brônquios: a caminhada na lama o exauriu, despertando suas dores nas costelas; naquela manhã, o ar está pesado das chuvas da véspera e da antevéspera. Entender o quê? À sua esquerda, o rio, cheio de águas lamacentas, está mais vivo do que de costume, carrega galhos e detritos variados.

– Animais fracos e lentos, que se cansam logo – continua Förster. – Compramos cinquenta, há dois anos, no mercado de San Pedro. Dez morreram no caminho para cá, já doentes, os outros mais lentamente, dizimados pelo cansaço ou pela floresta.

Num tom mais intenso, Förster se faz doutoral.

– Esses touros, no entanto, vieram dos melhores rebanhos andaluzes, dos mais puros e nobres, daquelas bestas desafiadas nas arenas... O senhor já viu uma tourada?

Suspiro asmático de Virginio.

– Espetáculo cativante em que o animal mede a bravura do homem.

Uma pausa. Virginio e os bovinos não se movem, à espera.

– Touros andaluzes... – repete Förster.

E fica calado, pensativo, olhando para o rebanho com cara de confessor.

– As pessoas, aqui, não se importam com raça ou origem; de que importa a bravura ou o chifre que derruba o pobre matador? Eles querem um animal que trabalhe, só isso. E de tanto cruzarem com vacas locais, o que havia de andaluz nesses animais desapareceu; a ferocidade dos touros se perdeu, a tourada também...

Ele se vira para Virginio.

— Este é o melhor exemplo de uma diminuição da raça por mistura. Não é preciso ser biólogo ou filósofo: olhe para esses animais, sua fraqueza, sua aparência repugnante, suas expressões débeis e degeneradas...

Os olhos de Förster brilham atrás de uma floresta de pelos escuros e desgrenhados enquanto suas mãos, finas e de dedos compridos, traçam no ar alguns arabescos.

— E dizer que deveríamos comer esta carne... Como se manter o mesmo quando se absorve uma matéria misturada e alterada? Como a raça pode se manter a mesma quando misturada a esse sangue que já se empanturrou de um outro sangue? Comer carne, meu Deus, que desprezo por si mesmo! O sangue é tudo! O senhor entende?

Movimento da cabeça de Virginio, sem qualquer significado. Mas não, na verdade ele não vê aonde o Doktor quer chegar.

— O sangue, o sangue... A mais essencial das essências.

Förster balança a cabeça, desolado.

— Foi a carne que degenerou o alemão.

A fala de Förster se acelera, seu nervosismo é transmitido ao animal que ele monta e que resfolega, relincha e bate os cascos no chão.

— A Alemanha se tornou Roma, apodrecida por elementos semíticos.

Qual a relação com a carne?, pergunta-se Virginio, olhando para as vacas. Ele bem que comeria uma. O regime à base de repolho e mandioca o cansa.

— O judeu está em toda parte. No sangue! Ele se mistura a nós. No espírito!

Ele diz isso batendo na própria testa, com violência, depois aponta para a floresta — Virginio juraria que ele aponta para a cabana cercada de arames farpados.

— O canibal é menos incoerente do que pensamos. Ele só devora seu igual! Não o animal!

Depois se volta para Virginio.

— Por que corremos atrás do Graal?

Virginio não tem a menor ideia, e tem dificuldade de juntar os fragmentos que lhe são apresentados. Toro Pichaí, nas noites de batalha, depois de beber muito, às vezes falava da mesma maneira. Infeliz daquele que demonstrasse não concordar com ele.

— Porque em Cristo o sangue puro das raças antigas é conservado. O sangue do Redentor nos salvará do sangue asiático.

Virginio franze as sobrancelhas. Jesus era judeu, não? Ou o padre Gregorio lhe contou mentiras a infância inteira. Foi como se o cavaleiro tivesse lido seus pensamentos.

— Jesus é ariano, não judeu! É óbvio! Ele tem mais a ver com Buda do que com a Torá, leia Schopenhauer, meu caro! Ou Wagner!

Virginio não faz ideia de quem sejam aquelas pessoas; e fica mais preocupado com o comportamento do cavalo, que parece prestes a começar a escoicear; ele se afasta. Estranhamente, as vacas, os bois e os touros recuaram para o fundo do cercado, como se percebessem a fúria de Förster.

— Precisamos fugir dos antigos que se comprometeram com o judeu e seu mamonismo mercador. O alemão se vendeu! É preciso inverter tudo e fazer alemães sem judeus: Nueva Germania é isso.

Fantasias e grosserias.

— A negação do mundo antigo, é por isso que nos detestam lá. Eles não entendem que a única Redenção possível está aqui!

Ele olha para além do rio, para o oeste, como se pudesse enxergar Flandres.

— Alguns querem expulsar os judeus da Alemanha...
Ele assobia com desprezo.
— Mas como expulsar o judeu que está no sangue, na mente, na esposa e nos filhos? Ahasverus está em toda parte. Sabia que um judeu regeu a estreia do *Parsifal*?
Parsifal? Nunca ouvi falar, pensou Virginio.
— *Parsifal* judeu! *Parsifal* judeu, estou dizendo! Quando fiquei sabendo, entendi que estávamos perdidos! Que a grande Alemanha se tornara semita e rotschildizada para sempre. Um Levi! Hermann Levi, ele se chama! Um Levi semitizando *Parsifal*! Nem o grande Wagner pôde escapar. A Alemanha precisa cair, agora que tem um nariz hitita. *Delenda est Carthago*! É minha convicção!
Ele respira fundo, e a chuva, em grandes gotas, começa a bater em seu chapéu. Ele sorri.
— Aqui é nossa Palestina! Por que aqui? E por que a floresta, o senhor dirá?
Ele olha em volta, sorrindo.
— O que faria um judeu aqui? Um judeu lenhador ou um judeu camponês, o senhor já viu? Um judeu das florestas, conhece algum? – ele gargalha. – O judeu é cainita, ele precisa da cidade, mas Nueva Germania nunca será uma cidade.
Ele aponta para o céu.
— É por isso que proíbo que as cabanas se aproximem umas das outras, que proíbo lojas e ruas; proíbo mistura e proximidade.
Depois ele aponta para o sol.
— Não nos olhe de cima para baixo, mas de baixo para cima, porque nossos pés são nosso espírito e a terra nosso país!
Virginio fecha os olhos, comprime as pálpebras, nauseado com as palavras venenosas do Doktor. Ele sente na

cabeça as gotas de chuva, que se tornam maiores que punhos de criança, e diz para si mesmo que está na hora de voltar. Ele abre os olhos: Förster se foi, e a vaca do fundo do cercado não se mexe mais, a cabeça enfiada na lama. Em poucos minutos, será tragada pela poça que se forma a seu redor. A terra, ali, se alimenta da morte.

11

O arame farpado

Nota técnica*

O fio de arame de farpado sofre uma tensão elevada. As estruturas de apoio também são submetidas a forças consideráveis. Por isso é aconselhado utilizar estacas sustentadas por suportes diagonais para garantir sua verticalidade. Cabos para as escoras (fio não torcidos nem farpados) podem ligar o alto de uma estaca à base da estaca seguinte. Esses cabos diagonais reforçam a estrutura geral do cercado impedindo as deformações das vigas e estacas. Se a área do cercado tiver um comprimento total inferior ou próximo a sessenta metros, então um único cabo pode ser estendido na diagonal entre duas estacas. Essa estrutura pode ser duplicada para os comprimentos maiores. Para distâncias maiores, dois cabos podem ser utilizados formando uma cruz. É recomendado estabelecer uma estrutura dupla de sustentação com duas escoras para comprimentos superiores a sessenta metros; e uma estrutura dupla de sustentação com quatro escoras diagonais para os comprimentos superiores a duzentos metros.

Construída esta primeira estrutura, o fio de ferro farpado deve ser desenrolado em torno de uma estaca angular e pode

---

* Brochura destinada aos revendedores da Washburn and Moen Manufacturing Company (Estados Unidos, 1901).

ser fixado com simples grampos, depois estendido pelas estacas. A instalação prossegue desenrolando-o em torno das outras estacas angulares e colocando-o sob tensão com tensores. Por fim, ele é preso às estacas intermediárias com grampos temporários que permitam uma tensão posterior. A colocação de uma série de arames farpados é feita de cima para baixo.

Existem várias maneiras de se fixar o fio a uma estaca angular: o nó (o fio é enrolado em torno da estaca, depois amarrado à mão), a costura (as duas seções dos fios são ligadas entre si graças a fios presentes na estaca), o mordente (o fio é inserido num buraco presente na estaca, depois fixado do outro lado) e o suporte dentado (o fio é enrolado em torno da estaca e fixado por um dispositivo dentado de forma helicoidal).

12

Sair dali! Ele não sabe como, mas sabe que o fará! Seguir os pontilhados do mapa, com certeza!
Sua cabeça fervilha.
Lá fora, um violino. Que chora. Depois outro. Eles vão afugentar todos os animais da floresta se continuarem assim. E sempre a mesma melodia: "*Deutschland, Deutschland, über alles...*" e na-na-na... eles não se cansam! Ele precisa sumir desse acampamento de loucos!
Ali, as alegrias se sucedem aos sofrimentos.
Uma cervejaria! Que está sendo inaugurada. Com grande pompa!
Eles não têm cabanas, nem uma horta viável, nem barco ou moinho, nem uma estrada realmente praticável, mas construíram uma cervejaria. Eles fermentam, colocam amido, infusões, com o que encontram na mata, e se deliciam com uma cerveja amarga e traiçoeira, que embota o paladar e o cérebro em menos tempo do que é preciso para que a espuma amarela seja bebida. Uma taberna! Naquela latitude! Em duas horas, todos estarão podres de bêbados e arrastando sua falsa alegria pela lama vermelha da Colônia. O importante, para Virginio, é que os Förster saiam por algum tempo de Försterhof, para que assim a tenha em suas mãos.

Seu diário de bordo! Questão de honra militar. Uma arma, até mesmo um estandarte e um batalhão podem cair nas mãos do inimigo, mas um diário de bordo não. Ninguém entrega a alma ao adversário! Ele precisa encontrá-lo.

Seu diário de bordo e um mapa, sim, é isso, um mapa servirá.

Primeiro, o gabinete dos Förster. Quatro paredes sóbrias, uma gravura numa delas e duas pequenas escrivaninhas, uma para Elisabeth, outra para Bernhard. Ele abre as duas primeiras gavetas da mesa do Doktor: papéis diversos, cartas de admiradores, rascunhos, mas nenhum diário de bordo. Um livro também, assinado pelo próprio Doktor Förster: *Devaneios de Parsifal*. As páginas estão coladas: nenhum leitor o percorreu. Na gaveta central: papéis diversos, nenhum diário de bordo, mas um mapa de Nueva Germania pelo governo paraguaio, para alegria de Virginio. Ele quase chora. O papel úmido é frágil, mas permanece legível. Ali, na margem direita, os nomes dos rios, longe dos delírios de grandeza de Förster, que renomeia tudo segundo si mesmo! O Aguarya-umi e o Aguarya-guazu. Cursos de água desconhecidos. Ele perde as esperanças.

Ele vira o mapa de novo e de novo, rápido demais, o papel se rasga, e não há indicação de latitude ou de longitude. Porcaria!

As buscas continuam, ele sabe estar progredindo.

Uma carta, agora. Enviada pelo gabinete do presidente paraguaio. Ele precisa lê-la duas vezes para entender, é uma espécie de ultimato, o presidente Escobar ameaça retomar as terras da Nueva Germania e expulsar os colonos se Förster se mostrar incapaz de devolver as quantias combinadas, menciona penalidades e juros.

Virginio fica de boca aberta.

Ele lê os números, que são astronômicos, e se somam, subtraem, multiplicam. Colunas de números que seguem por páginas e páginas. Os colonos não são proprietários, só o serão sob algumas condições, que, visivelmente, não estão sendo cumpridas. Ele percorre uma última alínea, confusa e jurídica, um lembrete do ato de cessão. O que ele entende? Förster se comprometeu a povoar a Colônia, a organizá-la, a torná-la economicamente viável para duzentas famílias até junho de 1888. Na rua, Virginio ouve estouros. Se Förster não conseguir, há a previsão de penalidades e de impostos suplementares. Duzentas famílias? Meu Deus. Pelo que Virginio viu, eles estão longe disso: há cerca de vinte famílias em Nueva Germania. Ele olha de novo para a carta: ela data do mês passado, agosto de 1888. E o ultimato foi fixado para o trimestre seguinte. Restariam apenas algumas semanas para Förster salvar sua cidade, portanto.

Virginio ergue os olhos para a janela. Lá fora, os mesmos estouros e os mesmos fogos de artifício, que caem em cascatas romanas, e o grande Förster em seu cavalo, imperturbável, altaneiro, como uma sombra chinesa, com sua majestade burlesca. Um sujeito incrível, ainda assim, do tipo que não se deixa perturbar, pensa Virginio. Do tipo que continua falando enquanto se afoga. Falastrão ou louco?

A mesa de Elisabeth, agora: tudo muito bem arrumado e ordenado. Rascunhos de cartas, em alemão, numa bela letra fina, cartas recebidas da Alemanha amarradas em pequenas pilhas numeradas e classificadas. Ali também, nada de diário de bordo: nem na escrivaninha, nem nas prateleiras superiores, cheias de livros.

Na gaveta central, ele descobre objetos surpreendentes: uma lupa de latão, tesouras de prata, diversos frascos de tintas diferentes, dois outros com um líquido amarelado espesso que ele não consegue identificar, lapiseiras, penas metálicas e penas de pássaros, papel, borrachas, uma lâmina de barbear, cola líquida. Para que toda aquela miscelânea?

 Depois, uma carta. Cheia de palavras azuis alinhadas procustianamente. Duas páginas preenchidas com uma letra fina e deitada. Naquela carta, uma curiosidade: um grande vazio, bem no meio do texto. Por que motivo aquela parte da carta teria permanecido em branco? Ele se aproxima, examina a carta, com lupa, sem lupa, percebendo que está longe de encontrar seu diário de bordo, mas ele persiste. Aquele branco o deixa intrigado. Parece que três linhas foram raspadas e apagadas. Com precisão. Uma carta em parte apagada? O que dizia que foi preciso esconder? Mais para dentro da gaveta, um frasco, cheio de pedaços de papel, como confetes de carnaval. A lupa novamente: naqueles pedaços de papel, pequenas letras órfãs. Ele olha para a carta, olha para o frasco, compara, os confetes são as palavras apagadas da carta. Frau Förster se deu o trabalho de raspar a carta e guardar o produto da raspagem. Ele não lê em alemão, e está sem tempo, mas pagaria caro para conhecer a razão daquela estranha manipulação. Se houver de fato manipulação. Ele volta à carta e procura a assinatura: "Friedrich Nietzsche", pensa ler, sem dúvida um parente.

 Tiros, perto do rio! A festa desanda, o tempo está contado!

 Uma intuição: ele volta a abrir a primeira gaveta, pesca uma carta de um maço amarrado, percorre-a, não vê nada de excepcional, pega outra, reconhece a mesma letra da carta raspada, a mesma assinatura, uma dúvida surge: em dois lugares, olhando bem de perto, a tinta parece diferente; observada à lupa, a carta também parece raspada, o papel está gasto, foi raspado e depois reescrito, com uma caligrafia imitada, fina e deitada. Ele fica pasmo: qual o motivo de se reescrever uma carta endereçada a nós mesmos? Que loucura se esconde ali? A Förster parece tão maluca quanto o marido!

Então.

De repente.

Ali!

No fundo da gaveta. Um pequeno triângulo de papel, levemente amarelado, manchado, um pequeno fio de tinta na borda, uma tripa de palavras! Puta que pariu!, ele pensa, pegando-o. Ele o acaricia, reconhece sua textura, poderia jurar... Não! Ele tem certeza de que é um pedaço de seu diário de bordo: onde está o resto? Por que foi rasgado?

Ele fecha as gavetas de qualquer jeito, dizendo para si mesmo que não está voltando de mãos vazias. Dizendo para si mesmo que todos aqueles malucos lhe dão calafrios.

Quando ele se vira na direção do corredor e da saída, seu olhar se detém na gravura pendurada na parede, acima da escrivaninha de Elisabeth, uma gravura apagada, com manchas amarronzadas sob o vidro, numa moldura capenga. Ele fica imobilizado. A imagem mostra um cavaleiro de armadura, com lança e espada, orgulhosamente montado em sua cavalgadura, um corcel musculoso. No segundo plano, ao longe, atrás das árvores e das colinas mortas, uma cidade fortificada com torres delgadas e telhados de palha. Uma cidade que o cavaleiro sitiou ou sitiará. Sob o elmo, seu rosto sem juventude tem algo de duro, uma espécie de indiferença ou arrogância sinistra. A lança do sujeito, pensa Virginio, deve ter atravessado alguns homens e, sem perceber, ele volta a pensar em Toro Pichaí, o Major Selvagem, que também não se deixava abalar por escrúpulos; ele volta a pensar nos combates que eles tinham travado juntos, no sangue derramado, no grito dos inimigos, das crianças, das mães, das mulheres, suas súplicas desesperadas, inexoravelmente esmagadas pela fatalidade guerreira. Embora a gravura fosse em preto e branco, Virginio a vê sanguínea: os traços são de cor vermelha, as sombras rosadas, os reflexos cereja. Aquele cavaleiro terrível carrega a morte e a guerra consigo. No vidro da moldura, os fogos de artifício da festa dos cervejeiros se refletem: estouros vermelhos, azuis, verdes. A representação do cavalo não é ruim, um tanto escultural... Delicadeza e realismo, sombras e quase sombras: quem a desenhou tinha habilidade, pensa Virginio, que finalmente se detém no segundo cavaleiro, uma espécie de fantasma de olhos brancos e rosto esquelético, com uma maldita serpente à guisa de colar – Virginio tem horror de serpentes – e uma ampulheta na mão direita: a Morte personificada. Ele franze o cenho, o simbolismo lhe parece pobre: o guerreiro cruza com ela como um presságio funesto. Ele nota a nuca rígida do homem, que se proíbe de olhar para ela. Bom ponto: um soldado raramente pensa na própria morte e com isso se previne da fraqueza. Sim, pensando bem, essa morte não deixa de ser ambígua. O que significa, ao certo? A morte do cavaleiro ou a de seus inimigos? A das vítimas, lá no alto, na cidade fortificada, no campo de batalha, atrás das árvores e das colinas devastadas, ou a do carrasco exterminador? A morte que ele deu ou a que receberá? Que confuso, convence-se Virginio, mas isso não é nada ao lado do diabo com cabeça de lobo e chifres de cabra que corre atrás do cavaleiro, terceiro personagem do quadro. "Meu Deus, que coisa mais feia", ele se diverte por alguns segundos, enquanto os violinos gemem e tremem acompanhados por vozes embriagadas, parecem uma cabra sendo lentamente degolada. Esse diabo o perturba mais que tudo. Por seu aspecto carnavalesco, sem dúvida, que não combina com o aspecto sinistro da gravura; sua lança também, a mesma do cavaleiro... Significa que a guerra é obra do diabo? Que piada!

Não, é outra coisa.

Virginio se aproxima da parede e da gravura, o vidro que a protege lhe devolve sua própria imagem. Seus olhos passam da ampulheta para a serpente, da serpente para o diabo grotesco, deste para o rosto de pedra do guerreiro, e de repente se detém; ele se sente invadido pelo movimento da gravura. E por uma evidência. A Morte olha para o Diabo, que olha para o Cavaleiro numa inversão sinistra. Embora o Cavaleiro apareça num canto do quadro, tudo parece acontecer do outro, ao fundo. Um fundo que a ampulheta temporaliza. Virginio começa a suar e tremer. A Morte e o remorso, é isso que ele lê na imagem. O Cavaleiro indiferente será, mais dia menos dia, tomado de remorso; ele mata friamente, mas chorará por cada um dos mortos que deixou para trás. O guerreiro perseguido por suas vítimas, suas lembranças, seus fantasmas. Uma "moral de puta pobre", sorri Virginio internamente, mas sem perceber ele fecha os olhos secos que ardem sob a fumaça e as ruínas de Concepción. Os estouros da cervejaria, na rua, se misturam às lembranças dos tiros dos Payaguás do Major Selvagem, os gritos de alegria aos das mulheres violadas, ele ouve os gritos ardentes dos pais e dos filhos, e o diabo com cabeça de lobo e chifres de cabra entra em sua mente, penetra sua consciência, tira-lhe um suspiro. Ele tem certeza de que a cidade esboçada pelo gravurista é Concepción...

– O que está fazendo aqui?

Ele se vira bruscamente, seus olhos estão úmidos, Katryn está à sua frente, o rosto abatido. A rosa Katryn. A inocente Katryn. Ele remexe as pernas, as mãos, os olhos, não sabe o que dizer.

– O senhor é um espião? O Doktor disse que espiões viriam de todos os países do mundo: o senhor é um espião, Capitán?

Ele se recompõe. Voz clara, forte.
– Claro que não, Katryn.
Dizer a verdade!
– Estou procurando meu diário de bordo. Förster o pegou, confiscou, roubou. Preciso encontrá-lo.
Petrificada, a garota não se mexe, estupefata, na ponta dos pés. Ela vê as gavetas entreabertas da escrivaninha.
– Diário de bordo? O que é um "diário de bordo"? O senhor pediu permissão ao Doktor Förster? Ou a Frau Doktor?
– Não.
A festa está terminando, ele precisa tirar a garota dali e neutralizá-la.
– Katryn...
– Sim?
– O que há na floresta? O que você e Förster vão fazer lá todas as manhãs?
A rosa Katryn se desestabiliza. Agora é ela que se remexe. Em seu rosto há medo, sem dúvida, seus músculos se contraem e se distendem, tremendo num quase sofrimento físico, ela leva a mão ao rosto, enfia dois dedos na boca, seus olhos se esbugalham, suas pernas tremem, ela empalidece.
– Onde na floresta?
Ele dá o golpe de misericórdia.
– Na cabana de madeira e sem janelas, atrás dos arames farpados e do grande cadeado.
Ela finalmente entende. Fica branca, absolutamente lívida, cai de joelhos, os olhos subitamente banhados em lágrimas, depois seu tronco oscila e sua testa bate no chão de madeira. Como uma árvore que cai. O choque é seco e grave. Virginio fica paralisado de surpresa.

13

Turim, 30 de setembro de 1888

Cara Lisbeth,

Acabo de me olhar no espelho. Nunca tive essa cara. Um bom humor exemplar e uma aparência dez anos mais jovem. Turim é melhor que Nice, que era pura tolice, um estúpido pedaço de Riviera, calcário e sem vegetação, trêmulo ainda por cima. Aqui em Turim, os dias se seguem com perfeição. É justificável viver aqui.

Alegro-me com o fato de ser considerado em toda parte com um estrangeiro muito distinto. Servem-me na trattoria os melhores pedaços. Até agora, eu não sabia o que era comer com apetite.

O café, numa pequena xícara, de uma qualidade maravilhosa, custa vinte centavos, e aqui a gorjeta não é obrigatória. Meu quarto com vista para o Palazzo Carignano, 25 francos por mês com serviço, inclusive o enceramento das botas. Na trattoria, para cada refeição, pago um franco e quinze centavos e ainda deixo dez centavos, o que faz de mim um príncipe. Por esse preço, tenho direito a uma boa porção de sopa, um excelente pedaço de carne macia, principalmente vitela assada, mas às vezes também cordeiro. Quantas delícias!

A obra avança. Às vezes olho para minhas mãos com certa desconfiança, porque me parece que tenho o destino da humanidade entre delas.

Fritz

P.S.: Será um livro feroz, como aprecio. Nele explicarei a vanidade da moral. Porque a moral é um caso particular de imoralidade. Duas vontades de poder: fraco versus forte. Fraco igual moralidade. Moral igual ódio do senhor. Moralina envenenada. Os instintos de decadência se tornaram senhores dos instintos de expansão. A vontade de vazio triunfou sobre a vontade de viver. Vitória dos fracos e dos medíocres. Diminuição da velocidade?

Assim que o homem começou a pensar, ele criou o bacilo da vingança. São os homens deserdados que se vingam e se comportam como senhores. Ele contaminou o próprio Deus. Eles deram a Deus o direito de se vingar, e é por isso que deram ao homem a liberdade. A responsabilidade. A culpa. Errei, meu Senhor, vinga-te! E agora o niilismo: grande fadiga do erro. Todo o idealismo da humanidade está a ponto de cair no niilismo, ou seja, na crença na ausência total de valores, ou seja, na ausência total de sentido. Ausência total de fim. Nós, anfíbios, confirmamos o deserto das finalidades.

Planejo purificar o mundo de seu estado de contaminação, de hibridização, de degenerescência. Restauração da natureza sem o vírus moral. Precisamos de uma doutrina forte para exercer uma ação seletiva que fortaleça os fortes, que paralise os que estão cansados da vida. Destruição das raças decadentes. Decadência da Europa. Destruição dos valores servis. Dominação da terra. Destruição da tartufaria que chamamos de moral. Abolição do sufrágio universal, sistema graças ao qual as naturezas inferiores impõem sua lei às naturezas superiores. Destruição da mediocridade (acasalar os contrários, misturar as raças). O nada precisa invadir a moral.

Só sei de uma coisa, que o homem precisa do que há de pior em si para melhorar. No pior dos homens se oculta uma pepita de ouro que triunfa sobre toda a boa índole das almas feias. O homem, isto é, uma tentativa divina abortada. Resultado: este mundo não vale nada! Dionísio contra o crucificado.

14

FICHA DE CARACTEROLOGIA Nº 34

Redigida em 7 de abril de 1888
Objeto: Ernst Schulz.
Função: comerciante, comissário de trocas
Carta de adesão recebida em 14 de abril de 1885.
Ódio judaico absoluto.
Casado (ver ficha da sra. Schulz); dois filhos, que permaneceram na Alemanha (reticência pela Causa? Pró-semitas?). Local de residência de origem: Alta Engadina. Profissao: vendedor de tintas.
Classificado como sanguíneo-emotivo. Suscetível tanto a reações violentas quanto a intensas demonstrações de amizade. Previsível e manipulável. Casta dos submissos e dos soldados.
Incapacidade para a abstração. Espírito pouco organizado, trabalhador. Pode ser útil.
Fortemente ligado à sra. Schulz, que considera propriedade sua, um butim. Típico dos

sanguíneos-emotivos: conceber os outros em relações de exclusão/inclusão.

Fé real, mas ingênua. Raça ariana comprovada: inúmeras gerações. Mas a raça pura nem sempre procria de maneira pura.

15

Ele força a porta do armazém comunitário às cinco horas da manhã. Um pé de cabra roubado de Lötke, o carpinteiro, permite-lhe arrancar a fechadura sem acordar os Schulz, que dormem na pequena cabana atrás do armazém. Embora não seja má ideia tentar ver a sra. Schulz de camisola, ele pensa com um sorriso: rendas e transparências, ombros nus e braços de fora... Clara é seu nome, disseram-lhe. Um nome sonoro que o faz sonhar. Ele passa pelos sacos de farinha e pelas caixas de batata, reto na direção da carabina Spencer, que tira do suporte sem dificuldade. Na passagem, pega o grande alicate que eles utilizam para cortar os arames farpados.

Ele sai do armazém como entrou, escondido, com um olhar desejoso para a janela dos Schulz, e corre para a floresta, a passos rápidos, a carabina no ombro, o grande alicate amarrado na cintura. Os bugios soltam seus pequenos gritos estridentes quando ele passa, e um puma, do outro lado do rio, ruge várias vezes. Bom sinal. Sempre se deve lembrar que a floresta é um imenso estômago que digere os que a penetram sem precaução. Puma, aranhas, formigas, peixes de dentes afiados como punhais e, principalmente, as malditas cobras venenosas: a jararaca, a coral e a surucucu – coisas-ruins, pensa Virginio a cada passo pousado delicadamente no chão.

Ele entra na floresta pela trilha do rio. Vai ser mais demorado, mas ele quer evitar o vilarejo com seu material suspeito. O terreno é acidentado, a floresta ainda está escura naquela hora, e ele várias vezes quase cai na lama e nas samambaias. Ele arqueja, geme, pragueja e cospe, segura-se aos cipós e aos galhos, seu sangue já escorre do antebraço antes de ele chegar na metade do caminho.

Depois de uma hora de caminhada difícil, descendo e subindo, na lama e na água, ele chega a seu destino. A manhã ainda não nasceu totalmente, mas o tempo é contado. Em uma hora, Förster e Katryn se encontrarão, ela com os cestos. Ele precisa se apressar. Poderia ter agido mais tarde, depois da passagem deles, mas sabe que seu pequeno roubo ao armazém causará comoção e exacerbará a paranoia já grande da pequena comunidade e de seu líder. Ele corta o primeiro arame farpado sem grandes dificuldades, mas o segundo o atinge no pescoço com um safanão, ele aperta os dentes e corta o último com todo cuidado. Na cabana sem janelas, nenhum ruído. Ou a coisa dorme, ou foi embora e ele não encontrará nada. Ele chega à frente da porta e examina o cadeado, depois o alicate, com certa circunspecção. Não tem certeza de que vai conseguir. Ele se arqueia, faz o máximo de força que consegue, por três minutos completos, o aço do cadeado mal fica marcado. Do outro lado da porta, arranhões e uma espécie de ronronar o convidam a continuar e aumentar seus esforços: ele golpeia o cadeado com o alicate, depois com a carabina e com uma grande pedra que encontra a seus pés e provoca faíscas, mas nada acontece, o cadeado resiste, ele constata, o peito agitado pela falta de ar. Ele olha para cima: o sol começa a subir. Ele está sem tempo e o fracasso o irrita. Ele pega a Spencer, engatilha e atira duas vezes no cadeado.

Ele não tem certeza, mas pensa ter ouvido um grito agudo vindo de dentro da cabana.

A detonação ecoa por longos segundos, o cadeado está no chão e a porta se entreabre, girando nas dobradiças. Ele carrega de novo a carabina, aponta-a para frente, pronto para atirar assim que algo aparecer, e avança. Está escuro lá dentro. Com o pé, ele escancara a porta e faz um pouco de luz entrar no lugar, mas não enxerga nada. Dá um segundo passo e percebe no chão, levemente enterrada, uma barreira de arame farpado, instalada para evitar que se cave. O cheiro o sufoca, um cheiro de sujeira e de mofo, de mijo, de merda, o cheiro típico dos calabouços. Um gemido num canto. Como o de uma criança. Ele dá um passo para o lado, para deixar a luz do dia entrar ali dentro, e duas pequenas estrelas começam a brilhar. Estrelas que vacilam, suspensas no ar, e se afastam. Até que um rosto as contém.

– Merda! Virgem Maria! – grita Virginio.

À sua frente, um jovem índio, tão nu quanto no dia em que veio ao mundo; é alto, ossudo, tem músculos salientes, membros alongados e nodosos, Virginio não lhe dá quinze anos, e as tatuagens que lhe cobrem o torso e o pescoço, pretas e vermelhas, o identificam como um Arum. Uma coisa deixa Virginio chocado: seus cabelos são claros, ou melhor, mais claros do que deveriam ser, mais claros do que todos os cabelos da floresta indígena, e puxam para o ruivo escuro. Sua pele também parece mais branca do que a do índio em geral.

– Mas de onde você saiu?

Nenhuma resposta, o pobre garoto treme da cabeça aos pés e seus dedos longos e finos arranham as paredes de madeira e perdem as unhas.

– Psssst – faz Virginio –, calma, pequeno.

O pequeno Arum continua assustado e se agacha num canto, os braços para frente, os olhos fixos na Spencer. Virginio baixo o cano para o chão.

— Então era você? — ele diz baixinho.

Silêncio e olhos esbugalhados.

— Foi você que eles vieram buscar, não? Seus amigos Arum, no outro dia, eles lutaram por você!?

O índio treme, choraminga, funga, mas não diz nada.

— Você é o quê? Filho do chefe? Um xamã?

Virginio tenta aparentar o máximo de calma possível, os braços relaxados e os olhos risonhos.

— Mas a grande pergunta é: o que está fazendo aqui, meu caro?

O outro não reage. Ele não entende nada. Virginio insiste:

— O que o maluco do Förster quer com você?

Silêncio e tremores.

— Hein? O que ele quer com você?

De repente:

— Que ele nos salve!

É a vez de Virginio de levar um susto. Atrás dele, Förster, o rosto sombrio, pistola na mão, e Katryn, os olhos fixos no índio e cheios de aflição. Seus olhos vão de Förster para o garoto. Está morrendo de vontade de ir até ele. Virginio se pergunta como não os ouviu. E como eles fizeram para chegar tão rápido? Não é possível que o tiro os tenha alertado; já estariam a caminho? Schulz deve ter acordado muito cedo e constatado o roubo ao armazém, a menos que o tenha visto sair e tenha feito as contas...

— Salvar? — hesita Virginio, espantado.

Förster não parece contente e tem a arma perto demais de seu peito.

— Abaixe a arma, Förster... – pede Virginio, apertando a carabina até quase perder a circulação.

Atrás dele, o pequeno índio não entende nada do que está acontecendo, treme como uma folha, choraminga, mas não se mexe. Katryn se afasta de Förster.

— Abaixe a sua, Capitán!

Nem sonhando!, pensa Virginio, que começa a perceber que precisará atirar no Doktor. A menos de dez metros, talvez na perna, a esquerda, a perna de apoio; isso o desequilibrará e fará voar para trás, mas Förster não pode, por medo ou surpresa, ter tempo de apertar no gatilho ao mesmo tempo.

— O senhor primeiro, Förster. Está com meu peito na mira, e não gosto disso.

Ele mantém a calma, embora por dentro suas ideias fervilhem. Sente dificuldade de tomar uma decisão. Apertar o gatilho, mirar na panturrilha e atirar num único e mesmo gesto. Com uma carabina que ele não conhece direito e que já está velha, com um gatilho levemente torto. Melhor pensar bem.

De repente, um grito.

Ou melhor, um lamento.

— Não!

Virginio se vira para a pequena colina: Elisabeth Förster-Nietzsche grita histericamente para o marido, para ele, para a cabana.

— Bernhard, não!

Novo grito para as árvores, para o sol atrás das folhas, e gestos teatrais.

— Por favor!

Atrás dela surge o infame Schulz, muito pálido, com a cara do delator que dedurou sem saber se deveria ter dedurado, que olha de canto de olho para o Doktor, temendo uma palmada. Förster abaixa a arma, Virginio faz o mesmo com a carabina, ambos mudos, ambos balançando no vazio seus corpos tensos. Elisabeth começa a descer na direção deles, sua boca treme, suas mãos tremem, sua voz também.

— Bernhard, pare, por favor!

Ela só tem olhos para a cabana de madeira, grandes olhos inquisitivos e cheios de apreensão, intensos. Ela passa com dificuldade por um amontoado de samambaias e espinhos, e quando ela cai num buraco cheio de água, aquela parte da floresta se tinge de pontos luminosos, seu vestido preto se enche de ar e lembra uma grande flor de lótus. Virginio admira a cena, Schulz corre até ela para levantá-la, Förster não sai do lugar.

— Onde ele está? — ela grita, livrando-se do braço do comerciante.

Förster, com a voz doce e hesitante, diz:

— Está tudo bem, Lisbeth... Ele está aqui... — murmura apontando para a cabana, a mão frouxa.

Elisabeth acaba se levantando e o lótus se fecha. Seu rosto está fixo, os cabelos escondidos numa espécie de véu austero, um olhar de tragédia. O rosto, o corpo, os movimentos emanam urgência. Ela chega à cabana, entra, delicada e temerosa, tudo permanece em silêncio por longos segundos. Os pássaros, as pessoas, a floresta. Virginio examina Förster, que parece desamparado, o olhar perdido para o céu. Soluços e murmúrios saem da cabana. Virginio se inclina um pouco, vê a Förster-Nietzsche abraçando o pequeno índio, cobrindo-o de beijos, dizendo-lhe palavras doces, acariciando seu rosto, sua mão, sua coxa, seus cachos ruivos, limpando suas lágrimas e seu tronco, nem um pouco incomodada pelo cheiro de imundície, começando a cantar uma canção de ninar queixosa, apertando-o contra o peito e balançando-o ao ritmo da canção. "Uma galinha com seu pintinho", pensa Virginio, subitamente incomodado, erguendo-se e indo embora: ele passa na frente de Förster, que mantém a cabeça virada para o topo das árvores, na frente de Katryn, que mantém os olhos fixos na porta aberta da cabana, o rosto fechado, na frente de Schulz, que olha com desaprovação para a Spencer, mas não abre a boca. Virginio deixa para trás os Förster e sua demência. Que criança é aquela? Por que é mantida prisioneira? Por que Elisabeth teve uma crise de histeria na frente deles?

16

Turim, via Carlo Alberto, 5 de outubro de 1888

Minha querida irmã,

Saio de cem abismos, em que nenhum olhar jamais se arriscou.
Conheci alturas que nenhum pássaro jamais conheceu.
Vivi nas geleiras e nas montanhas altas, queimei-me ao contato de cem tipos de neve.
Tenho a impressão de que o quente e o frio são novos conceitos em minha boca.
Meu livro é como um vulcão, como um julgamento final. Inversão de todos os valores. O primeiro será o último.
Não pense que sou famoso apenas entre os judeus, e, para te dizer tudo, considero os alemães uma espécie abjeta de homens e agradeço aos céus por ser polonês. Parece-me que a Alemanha, ao longo desses últimos quinze anos, tornou-se uma escola de embrutecimento. Água, bobagens e esterco, e o sorriso aturdido do velho Kaiser planando acima de tudo. Como vocês devem estar satisfeitos de estar longe desta querida Europa: ela se encarquilha apontando suas armas com o heroísmo de um porco-espinho. A Europa declina e os europeus junto. Todos os valores veneráveis

(humanidade, compaixão, piedade) enfraqueceram-na como enfraquecem e mediocrizam o homem. O europeu, o homem mediano, combate o mal como se pudesse viver sem ele. O ideal dos medíocres: um ideal que não deveria conservar nada em si de ruim, de perigoso, de equívoco. Para mim, muito pelo contrário, o crescimento da humanidade exige os aspectos negativos do homem. O homem precisa se tornar melhor e mais cruel. Melhor porque ele é o mais cruel. O criminoso, este é o criador.

Talvez me digas que todas as épocas têm coisas boas. E terás razão: o homem tem algo de fragmentário, no sentido de que se desenvolve parte por parte. Despedacemos o universo; percamos o respeito por tudo. O homem total nunca existirá! A perfeição não é deste mundo.

O que é o real para mim? Um monstro de força, sem começo nem fim, uma força dura como o ferro, que não se desgasta e se transforma. O nada é seu limite. Eis meu universo dionisíaco, eis meu universo do bem e do mal. Devir sem ser.

Dizem-me que tudo vai muito mal com vocês no Paraguai, que há revoltas, que querem dinheiro, reembolsos, que há violência. Temo o pior. Podes me tranquilizar a esse respeito?

Não tenho dinheiro para te enviar.

Teu inútil filósofo niilista e irmão

P.S.: Os meios de expressão da linguagem são absolutamente, digo de fato absolutamente, inutilizáveis para dizer o devir. Eu mesmo, que consigo fazer falar os que, justamente, prefeririam permanecer mudos, não posso levar o devir à confissão.

17

Suas mãos e seus antebraços estão ensanguentados, cobertos de cortes e arranhões; seu pescoço está lacerado e por duas vezes suas costas foram atingidas pelo fio de ferro. Sob uma chuva torrencial desde o alvorecer: grossas gotas quentes que o cegam, que tornam o chão perigoso, os instrumentos escorregadios. Eles precisam gritar para se ouvir.

– Colocamos as duas últimas estacas e paramos! – grita Küke, as mãos em concha. – Acabamos depois.

Virginio faz um gesto de concordância com a cabeça e continua batendo no grande mourão que tem diante de si. À sua frente, Oskar Erke faz o mesmo. Eles não se olham, concentrados na madeira lisa, e batem nela com a regularidade de uma marcha militar, um de cada vez. A cada golpe, a madeira afunda uma dezena de centímetros. A terra está molhada e eles precisam avaliar, a cada tantos golpes, a verticalidade da estaca, cuidar para que ela não se parta sob a força dos malhos. O esforço e a tensão são intensos, e, apesar da dor que sente nos lugares atingidos pelas lanças indígenas, Virginio – o torso nu molhado de chuva, o rosto desfigurado por caretas – se entrega plenamente ao trabalho, contrai os músculos, ergue os braços e coloca toda a sua força no malho e na madeira. Até o tremor total, até o choque com a estaca.

E depois ele recomeça, ergue o ferro até acima dos ombros, até o ponto crítico e imóvel que separa o pesado do leve, e desce-o até o chão. Ele arqueja e ofega, sente-se reviver, por pouco não começaria a cantar, por que não, o "*Deutschland, Deutschland, über alles*" e bum-bum-bum... A oposição que a matéria oferece a seu movimento, que lhe massacra as mãos e os braços, atiça sua mente, desperta seus sentidos – mais dez batidas e a estaca estará no lugar, na profundidade adequada –, dá sentido a seu suor. A careta é um sorriso disfarçado.

Depois, é preciso colocar os arames farpados. Oskar e Virginio empurram a bobina para desenrolá-la e puxá-la sem que os fios se enrolem uns nos outros, com as mãos nuas, esticá-los, amarrá-los à estaca, estendê-los e grampeá-los. O grande problema: a todo momento, os fios podem arrebentar, voar para os ares, arranhar e lacerar a pele ou furar um olho. A segunda estaca, que é um bom metro mais alta do que Virginio, de uma grossura que equivale a duas coxas, é tão densa que é preciso dois homens, Küke e o jovem Schleicher, para levantá-la, pois rolá-la na lama é impossível. Os dois a seguram enquanto Oskar e Virginio, equilibrados em cepos de árvores, voltam a bater. Se o malho escorregar, a mão ou o braço de Küke ou Schleicher serão esmagados. Eles levam três horas para construir trinta metros de cerca, sob uma chuva contínua, cobertos de lama e sangue da cabeça aos pés. Virginio aprende a admirar Küke, sua energia, sua eficácia, seu silêncio. E ele pensa adivinhar que Küke não parece insatisfeito com o trabalho que eles realizaram juntos. Um sorriso de conivência, gestos sincronizados, cuidados compartilhados. Quantos da Colônia sabem do pequeno índio? Além de Katryn, do casal Förster, Schulz? Küke participa do segredo? Não, com certeza não. Nenhum colono sabe, Virginio está convencido disso.

Quando eles voltam para o armazém comunitário, machado e malho no ombro, a chuva se torna ainda mais intensa, cobrindo-os como um véu cinza. O barulho é ensurdecedor, atinge-os na cabeça e nos ombros, lava seus troncos do sangue, do suor e da lama que os sujam. Nem Küke nem Virginio pensam em apertar o passo. Eles riem dos outros, que se refugiam onde podem, e depois de alguns metros entram rindo no depósito do armazém. A agitação deles chama a atenção de Schulz, que passa a cabeça pela porta que os separa do armazém:

— Coloquem as ferramentas no lugar, precisaremos delas amanhã – ele resmunga, examinando-os com desaprovação.

Ele insiste e entra no depósito, desconfiado.

— Espero que não estejam estragadas.

E ele inspeciona o malho, seu cabo, sua cabeça. Virginio olha para ele com zombaria, nunca gostou dos armeiros e dos intendentes. Atrás dele, no armazém, um farfalhar. Ele se vira, a porta do depósito estava aberta, e ele surpreende os olhos azuis de Clara Schulz fixos em sua pessoa, observando-o sem pudor, a cabeça inclinada, os olhos pousados em seu tronco nu, em sua pele úmida e brilhante, músculos salientes e intumescidos pelo esforço do dia. Da cabeça aos pés, ela o examina como Darwin aos tentilhões das ilhas. O silêncio se torna pesado. Nenhuma palavra, nenhum som, nenhum movimento, Schulz e Küke parecem petrificados. Schulz rompe o encanto, solta um grunhido surdo e volta ao armazém batendo a porta do depósito, as paredes tremem e uma prateleira de farinha despenca, cobrindo o chão com sua neve fina. Küke tosse, prepara-se para sair do depósito, mas para de repente, volta-se para Virginio com ar constrangido.

— Capitán, cuidado com Schulz, ele é estúpido e pode ser perigoso. E...

Ele hesita, muda o peso de uma perna para a outra:

– Cuidado com a mulher, acima de tudo, ela facilmente poderia fazê-lo perder a cabeça! – ele diz corando, antes de fechar a porta.

Virginio fica parado entre as duas portas, sozinho, pés descalços sobre a farinha. Ele coloca a velha camisa e entra no armazém. Vazio. Nem Schulz, nem a mulher. A Spencer não está no suporte e Virginio se aproxima do varão de roupas. Pegar uma calça e uma camisa, depois ir embora, isso é o que deveria fazer, mas ele só consegue pensar no vestido da sra. Schulz, em seu vestido cor de bronze, em seus farfalhares e movimentos, seus olhares, para onde ela foi? Ele olha para o balcão: uma porta leva aos aposentos privados do casal, sem dúvida. Está entreaberta, ele imagina uma briga entre marido e mulher, devido aos olhares que Virginio trocou com ela, talvez ele a maltrate, ameace, machuque: ele se aproxima e tenta ouvir alguma coisa, mas nada, nenhum som passa pela porta. Ele deveria sair dali, voltar ao varão de roupas, escolher uma camisa, uma calça, agora pode fazer isso, pois trabalhou para a comunidade. Mas ele não consegue, está como que imantado por aquela fresta de porta entreaberta, pela luz cálida e pelas sombras delicadas que ela revela, sombras que oscilam de leve. Ele levanta a mão e empurra a porta, que range e treme, e entra nos aposentos privados da jovem mulher. Um corredor estreito e escuro. A chuva bate no teto. Ele avança pé ante pé, chega a uma nova porta, abre-a. Meu Deus, pelo padrão da Colônia, os Schulz moram num palácio, ele pensa confusamente ao se aproximar. Ele vê uma sombra: a sra. Schulz está ali, ele se inclina para frente, vê-a de costas, enchendo grandes frascos com frutinhas esbranquiças, que empilha com cuidado sobre uma bancada à sua frente. O calor é intenso, lá fora, mas dentro é como uma fornalha, a umidade parece em suspensão, e a Schulz afrouxou o laço que apertava o alto de seu vestido para descobrir os ombros, refrescá-los. Os cabelos estão soltos e caem em espirais sobre a nuca e as costas; aqui e ali, algumas sardas. Ele está a um passo dela e de sua pele clara, quase leitosa, a um passo dela e de seu perfume doce, com um toque de canela, ele está a um passo dela e ela finalmente se vira. Lentamente. Ele teme que ela proteste, que grite, mas seu olhar e seu sorriso estão cheios de doçura, ela se levanta sem pressa, não cobre os ombros ou as costas, o pudor não está mais em jogo, ele está a um passo dela e seus lábios são rosados, ele a agarra pela cintura, suas mãos a enlaçam, ele sorri, ela também, lábios rosados que ele cobre com um beijo, suas línguas se tocam, seus sopros também, até a asfixia, ele toca seus cabelos, uma pitada de pimenta se mistura à canela. Ela se afasta um pouco. Encara-o direto nos olhos, seu peito se expande em busca de ar, nenhuma palavra. Virginio não sabe o que fazer e beija-lhe a bochecha, a testa, o pescoço, a garganta, ela cola o corpo contra o dele, sente contra seu ventre o desejo do macho, que pega com as duas mãos, beija por sua vez o queixo, o pescoço, o peito de Virginio, exala até o estertor, solta o cinto de corda que segura a calça, ajoelha-se na frente dele e, num mesmo movimento, abaixa o tecido, agarra seu sexo, duro como quebracho, e o engole, o sexo está frio, a boca está quente, o beijo rosado é doce. Apenas um beijo. Ele a puxa para cima, rapidamente, vira-a de costas e a empurra para a mesa dos frascos. Os gestos são bruscos. Ela geme um pouco, ele levanta seu vestido, o saiote, não sobra nada, beija sua nuca, seus ombros nus, suas costas, suas sardas e a penetra com força, seu desejo é marcial.

Ele se imobiliza por dois ou três segundos.

Ela permanece quieta, até ele começar a se movimentar, furiosamente, cada vez mais rápido, mais forte, mais fundo, com a regularidade de uma marcha militar. Ela geme, ele ruge, os frascos tremem, se batem, tilintam, ele arqueja, ela geme, ele dá uma palmada em suas nádegas, uma vez, duas vezes, ela arranha a carne de suas coxas e dos antebraços, com as unhas, ele se sente reviver, ela vai ver do que ele é capaz, "*Deutschland, Deutschland, über alles...*" e bum-bum-bum...

E bum! A coronha da Spencer se despedaça. Alguns fragmentos atingem os frascos à frente deles. A arma não resiste ao choque ao atingir a nuca de Virginio. No exato momento em que este agarrava os cabelos da sra. Schulz para puxar sua cabeça para trás e comer aqueles malditos lábios rosados que o obcecam.

Virginio gostava da Spencer. Boa e fiel carabina: ele a desmontara, lubrificara, relubrificara, desentortara o gatilho que não rangia mais, arrumara a mira, bem como a alavanca do guarda-mato. Que desperdício! O Schulz, só pode ser ele, tem definitivamente tudo do desmancha-prazeres! Ele estava prestes a acabar o serviço, filho da puta!

Depois da coronha que voa pelos ares e quebra os frascos? Nada. Tudo fica preto. E extremamente silencioso.

18

Turim, 13 de outubro de 1888

Minha Lhama,

Minha vida chega ao apogeu. Meu livro está quase pronto: nada que hoje esteja de pé permanecerá. Ele é um atentado contra o Crucificado. Atingirá tudo que foi infectado pelo cristianismo com tantos trovões e tempestades que todos perderão a visão e a audição. Um grande estrondo. Balbúrdia e algazarra. Este livro espalhará medo a meu respeito, quero te deixar avisada.
Sou uma fatalidade.
Meu livro, o primeiro livro de todos os milênios, será lido aos milhões de exemplares. Será traduzido em cinco, dez, vinte línguas. Os chineses o adorarão. É uma dinamite.

Teu Friedrich, doravante monstro

P. S.: Hoje comprei-me um magnífico par de luvas inglesas.

Quarta parte
A CAÇADA

1

De novo. Paredes de madeira, que o cercam completamente, nuas; um teto branco; uma pequena abertura que dá para a floresta, à direita, sem janela nem vidro. As mesmas faixas em torno da cabeça, e uma dor lancinante. Ele toca o couro cabeludo, crostas de sangue por toda parte, e um pequeno galo acima da nuca. O maldito Schulz viera com tudo, Virginio faz uma careta para se sentar, ouvindo dentro da cabeça os ecos do golpe: bum, bum... Ele está nu, sujo. Levanta-se e constata que a porta do quarto está fechada por fora: mau sinal. Ao menos ele está melhor ali do que na cabana fechada do pequeno índio ruivo, parco consolo.

De repente, uma chave abre a fechadura e a porta se abre, grande sorriso, ele espera ver Katryn e seu belo rosto compassivo, com uma bacia de água, um unguento, faixas limpas, mas em seu lugar aparece o sombrio Förster, ar grave, acompanhado de um colono que Virginio reconhece vagamente por ter cruzado com ele perto do atracadouro, duas ou três vezes: notara seu rosto vermelho, sua barba em colar, seu nariz bulboso e, principalmente, seu ar constantemente à espreita. Agora, ali, diante dele, o grau de alerta de seu cérebro desperta subitamente.

– Capitán!

A voz é baixa.
— Doktor.
Ele toma então consciência de uma espécie de zumbido atrás da porta, na sala de estar de Försterhof. Vozes, em grande número, quase todas masculinas, que murmuram. É a primeira vez que uma assembleia do tipo se reúne ali. Quantos eles serão? Talvez uma dezena. E o que estarão fazendo?
— Devo anunciar-lhe que uma espécie de tribunal popular se pronunciará sobre seu caso...
Virginio mantém o silêncio por alguns segundos, as palavras se atropelam em sua cabeça e se misturam ao zum-zum da sala.
— Um tribunal popular?
— Sim, exatamente. Popular e espontâneo.
— Espontâneo? Sobre meu caso?
— Sim, Capitán. O senhor está sendo acusado.
Virginio o encara direto nos olhos, tenta sustentar o olhar fugidio de seu interlocutor: não, o maluco do Förster não está brincando. Virginio já viu maridos ciumentos, alguns armados, que o perseguiram pelas ruas de Assunção, atirando para todos os lados; ou pelas ruas de San Pedro, ele montado num burro, o marido a cavalo; também no Paraná, surpreendido na cama da esposa do juiz principal, uma jovem e bonita morena da qual ele precisou fugir nu e correndo como uma onça até o rio no qual mergulhara sem hesitação, apesar dos jacarés e das piranhas, pois os cachorros do juiz estavam em seus calcanhares. Pais também, dispostos a tudo para casá-lo com senhoritas de quem ele se aproximara demais, como o esperto Pedro Esmerallo, que o prendera por cinco dias num velho celeiro de sua estância para que ele aceitasse se casar com Camilla, sua filha mais velha, a doce e carinhosa Camilla. Mas o tribunal, popular ou espontâneo, para esse tipo de crime, não, jamais.

— O senhor tem consciência de que é uma aberração...
— Foi um pouco mais que um beijo.
— Não, Capitán, não compartilho da mesma opinião...
Ele pensa: o que podem fazer comigo? Banir-me? Meu Deus, reconheço minha culpa imediatamente; uma vez, duas vezes... Ele quase sorri, mas alguma coisa no rosto dos homens à sua frente o faz mudar de ideia.
— Vocês não podem se pronunciar sobre assuntos dessa natureza! É... é de ordem privada! Entre Schulz e mim...
— Silêncio!
Förster levanta a mão, e todos se calam, Virginio e os homens da sala ao lado. Seus olhos lançam raios azuis em todas as direções, ele busca as palavras certas.
— Não é nada disso! Não, nada disso! Não é disso que estamos falando! Não dessas... coisas!
Ele faz uma cara de nojo, e inspira profundamente.
— O sr. Einzweiler, aqui presente — ele diz, apontando para o nariz bulboso —, não é um colono como os outros, veja bem.
Virginio olha para ele sem entender: e daí?
— Quero dizer... Ele não veio da Europa como nós, enfim, ou melhor, sim, ele é suíço, mas não veio na mesma época. Está aqui, na América do Sul, desde muito antes, quero dizer: Bolívia, Argentina, Paraguai... E se juntou a nós somente no ano passado, depois de ter ouvido falar de nossa aventura, em San Bernardino. É isso, sr. Einzweiler?
— Exatamente, Doktor Förster.
A voz do bulboso é doce, calma. Ele completa:
— Faz mais de dez anos que vivo aqui, na América do Sul!
E nesse momento seus olhos mergulham nos de Virginio e começam a brilhar. Eletrificando-o. "Quem é esse sujeito? O que ele quer?", preocupa-se Virginio. Ele nota que seu sotaque

é diferente, mais arrastado, mais melodioso, e seu espanhol é melhor do que o de todos os colonos. Ele se senta, junta as pernas abaixo do banco, o corpo todo retesado, como prestes a saltar.

– Ele é nosso piloto.

– Piloto?

– Piloto e mecânico; enfim, depois que tivermos recebido as peças para o próximo barco e o tivermos construído.

O rosto de Förster se ilumina.

– Maior que o *Esperanza*, mais de acordo com a Colônia e nossas necessidades.

Um sorriso que se desfaz.

– O maquinário é que demora.

Um silêncio.

– Mas voltemos a nosso problema. O sr. Einzweiler combateu por muito tempo, veja bem, em vários rios dos arredores. Ele foi contratado aqui e ali, por uns e outros...

Outro silêncio. Uma hesitação. Aonde quer chegar, Förster?

– Ele serviu os argentinos durante a Grande Guerra.

O rosto de Virginio endurece, os olhos se apertam, os músculos do pescoço se retesam. Ele encara fixamente o piloto, que lhe devolve uma máscara de mármore. O silêncio se torna pesado.

– Os argentinos? – ele murmura, por entre os dentes.

– No rio Paraná, essencialmente! – defende-se o piloto.

– E não por muito tempo.

– Fomos inimigos, então, senhor... não lembro mais do seu nome.

– Einzweiler! – diz o bulboso, igualmente pouco à vontade.

Förster volta a falar.

— Ele esteve em Puerto Isabella! — anuncia secamente.
— Quando o regimento do sinistro Toro Pichaí atravessou o Paraná. Ele era piloto do... Como era o nome?
— Do *San Andrea*, Doktor.
— ...do *San Andrea*.

Virginio paralisado. Atordoado. Puerto Isabella, dois ou três dias depois de Concepción! Depois das mulheres que gritam e choram, da fumaça, da igreja, dos Payaguás, da morte, das degolas, dos incêndios, dos estupros... Depois do horror!

— E? — ele consegue pronunciar, depois de um momento.
— Ele viu Toro Pichaí e seus homens subindo a bordo.

Silêncio.

— Suas roupas ainda estavam cheias de sangue, seus rostos também, de sangue e cinzas — retoma o piloto, sombrio, fixando Virginio.

Silêncio.

— Eles riam, estavam bêbados, narravam seus feitos de novo e de novo. Feitos sinistros.

Silêncio.

— O massacre de Concepción!
— A guerra — rumina Virginio, cada vez mais lívido.
— Mulheres violadas, maridos e filhos queimados, a cidade arrasada...

Virginio respira com dificuldade.

— Vi em seus rostos a alma selvagem...

Silêncio.

— Mas — continua a voz doce de Förster —, acima de tudo, ele viu o senhor!

Virginio parece uma pedra. Seu rosto, seu peito, suas mãos estão petrificados.

— O senhor, o senhor! – repete Förster, subitamente mais alto, o dedo acusador. – Ao lado daquele monstro chamado Toro Pichaí, a quem o senhor servia com zelo!

— Está enganado! Não naquele dia!

— Mentira! – grita Einzweiler. – Vi o senhor dando ordens aos soldados que subiam no barco. O major estava a seu lado, ele dava instruções, que o senhor repetia em voz alta aos soldados.

— O senhor me confunde com outra pessoa! – diz Virginio.

— Era o senhor, sem sombra de dúvida! Além disso, nos cruzamos várias vezes no barco. Lembro muito bem do senhor! Claramente! Lembro do seu jeito de caminhar. Depois do major, sem dúvida era o mais arrogante. Seus homens não paravam de levar mulheres para as cabines, as mártires de Concepción.

— Esse suíço está me confundindo com outra pessoa!

— Meninas, às vezes! Dez dias de navegação, dez dias de lágrimas e gritos vindo do convés superior. Lembro muito bem!

— É um argentino, um vendido! – defende-se Virginio.

Förster levanta a mão, a calma volta a reinar.

— O senhor com certeza sabe que o governo do presidente Escobar colocou a prêmio a cabeça do major Gregorio Benitez, ou "Toro Pichaí", ou "Major Selvagem". A dele e a de seus tenentes.

De repente, Virginio entende tudo.

Ele entende a manobra! Förster pensou, pesou, avaliou tudo. Os prós e os contras. Quer entregá-lo ao governo Escobar; ele, o Capitán, o auxiliar do major, a preço de ouro, com certeza. Ele franze o cenho. Qual o uso de uma fortuna numa cidade que a baniu? Ele pensa rápido. Lembra da carta na escrivaninha do Doktor. Com o ultimato do governo paraguaio, os números terríveis que selavam as contas da Colônia. Förster quer uma renegociação do contrato de cessão da Colônia: entregar Virginio de mãos e pés amarrados a Escobar em troca de um prazo maior? Virginio em troca de uma diminuição da dívida? Escobar persegue Toro Pichaí há muito tempo, em vão. Há dois anos, ele e seus capangas haviam lançado dois batalhões pelo Gran Chaco porque alguns camponeses diziam ter visto um homem que se parecia com ele. A caçada durara seis meses; um quarto dos soldados nunca voltou para casa, dizimado pelas doenças. De Toro Pichaí, nem sinal. Além de nunca ter sido capturado, nunca fora visto. No ano anterior, eles tinham repetido a operação, dessa vez na fronteira com a Bolívia: o mesmo resultado, com poucas variações. Agora, falava-se no Major Fantasma.

– Um tribunal estudará as versões de cada um, dentro de dois dias – disse Förster, cortante, ao sair do quarto, seguido do piloto bulboso e servil. – Veremos o que fazer com o senhor. Até lá, ficará detido.

A porta se fecha e, atrás dela, vozes preocupadas e curiosas enchem os dois homens de perguntas: "O que ele disse?", "Confessou?", "É ele?", "Arrependido?"...

Virginio virou moeda de troca. Seus olhos pousam na pequena janela azul: no céu, uma ave de rapina desenha grandes círculos. Ele precisa preparar sua defesa, é isso que ele decide, e por enquanto vê uma única possibilidade: negociar com Förster! Quanto mais ele pensa, mais se convence de ter alguns trunfos na manga: primeiro, o pequeno índio da cabana. Förster o mantém escondido sem o conhecimento dos outros colonos, causando vários ataques e vários mortos. Ele pensa nos pobres Schuster e Niemeyer, mortos antes mesmo de chegar à Colônia. Depois, a carta de Escobar, encontrada na escrivaninha de Förster. Que não sabe que ele sabe de seu conteúdo. Os colonos ficarão surpresos ao descobrir que a

Colônia está à beira da falência. Se houver um tribunal, como eles pomposamente chamam sua assembleia de camponeses, ele revelará tudo o que sabe. Pronto, ele tem o suficiente para derrubar o *führer* Förster de seu pedestal.

2

— De pé, Capitán.
    Ele abre um olho. Como assim, de pé? Ainda está escuro, mas uma vela a poucos centímetros de sua barba ameaça queimá-la. Seu brilho o cega e o faz recuar sob o tecido grosso dos lençóis. Nem pensar!
— De pé, estou dizendo!
    A voz é de Förster. Por que de pé? Ele lembra do Förster da véspera, com o infame acusador e a infame acusação. Ele lembra, mas nem por isso entende por que deve levantar no meio da noite. A menos que eles já tenham decidido seu destino, de repente, com pressa, sem que ele pudesse se defender ou justificar, enquanto ele dormia e sonhava com Clara Schulz. Já era o julgamento final? Eles tinham ouvido a denúncia do suíço, os horrores de que ele o acusava, Concepción, a igreja, as moças e o massacre. Meu Deus, quando o deixarão em paz por causa de Concepción?! Será hoje que o enforcarão, no cadafalso teutônico? Ao som dos violinos e dos cantos cheirando a cerveja?
— De pé!
    Ela estará presente? Com o olhar azul fixo em sua agonia? Em seu pescoço dilacerado pela corda, em seus olhos asfixiados e seu rosto violeta, sua língua grossa que expande

a mandíbula, suas pernas trêmulas – ela verá seu corpo se esvaziar, beijará seus lábios mortos, sua testa, suas pálpebras, como viu fazerem muitas vezes quando são enforcados os vendidos aos argentinos ou aos portugueses, ela derramará algumas lágrimas sobre seu túmulo, sua memória?
– Capitán! Levante-se e siga-me! Agora!
Ele abre o outro olho, Förster está parado à sua frente, chapéu, casaco, botas de montaria: aonde vai? Colt na cintura, um Henry na mão esquerda e outro apoiado na parede, ao alcance da mão de Virginio. Um arrepio lhe sobe pela espinha. Ele poderia pegá-lo e pulverizar o crânio do Doktor num gesto: algo incomum está acontecendo!
– A pequena Katryn desapareceu! Precisamos buscá-la.
O tom é preocupado e trêmulo. Katryn? Desaparecida?
– Ela fugiu, entendeu, Capitán?
Fugiu?
– Precisamos buscá-la, sem demora!
Lágrimas! Soluços e gritos, mais ou menos sufocados: de onde vêm? Virginio se senta:
– O que está acontecendo? – suspira Virginio.
– Katryn desapareceu – repete Förster.
– Que horas são?
– Vista-se! Devem ser três horas.
E Förster sai do quarto, deixando Virginio com o fuzil e algumas perguntas. Àquela hora, em plena noite, ele não vê como poderiam encontrar a garota. E por que Förster veio buscá-lo? Não há malucos o suficiente na Colônia para segui--lo? Ajudá-lo? Ele esfrega os olhos e pensa, seus pensamentos estão lentos. Na verdade, eles morrem de medo de pisar fora da Colônia: ninguém quer virar picadinho dos selvagens da vizinhança. Sua cabeça está pesada, ele se levanta, se espreguiça, olha para o Henry e o verifica: está carregado! Há poucas horas,

ele estava detido, agora se vê transformado em batedor chefe, com um fuzil Henry cheio de munição à sua disposição. Ele interrompe seus gestos, enquanto coloca a camisa de algodão, e fica atento aos sons da noite. Lágrimas e soluços passam pelas paredes. Ainda.

Ele encontra Förster nos estábulos iluminados por uma lamparina. A lua está cheia, a noite está clara, mas dentro da floresta não se enxergará absolutamente nada!

– Quando ela fugiu?

Förster se vira, surpreso pela chegada repentina do Capitán.

– Esta noite, enfim, ontem à noite.

Quando atravessara o jardim de Försterhof, cada vez mais humilde, coberto de plantas murchas e pequenas, ele notara uma luz na janela de Frau Nietzsche, uma luz trêmula e amarelada, era de lá que vinham os soluços e lamentos. Estaria chorando por Katryn? Ele não sabia que Frau Nietzsche era tão ligada à jovem.

– Tem alguma ideia da direção que ela tomou? – ele pergunta a Förster.

Um cavalo branco, um cavalo preto. Förster faz um sinal para que Virginio sele o jumento da esposa. A seus pés, embrulhos que serão amarrados às selas: visivelmente, eles partem por alguns dias. Cobertores também. Os olhos azuis como aço do doutor se movimentam estranhamente, seus lábios se mexem, mudos, ele rumina alguma coisa, tem dificuldade para pôr para fora, uma alma atormentada.

– Ela não está sozinha – ele finalmente murmura.

– Com quem saiu?

Förster está atrás do cavalo, Virginio não o vê, mas adivinha sua expressão desconcertada.

– Com... – ele hesita.

Sim? Vamos, ponha para fora, Herr Doktor!

— Com o pequeno indígena! Ela foi libertá-lo, não sei como fez, e eles partiram juntos, cortando os arames farpados do lado norte.

Ele compreende subitamente por que Förster veio buscá-lo. O índio é um segredo e um problema: ninguém sabe de sua existência, ninguém deve saber. Ele se lembra dos sinais de apego emotivo que a Nietzsche demonstrara pelo pequeno selvagem. Isso explicava os soluços e as lágrimas de agora.

— Por que ela fez isso?

— É uma mulher muito jovem! E fraca, como muitas de sua espécie! Sem dúvida se apaixonou!

Ele se vira para a janela amarelada de Försterhof, a do quarto de sua esposa.

— É realmente... realmente lamentável.

— O senhor acha que ela o está acompanhando até sua casa? Quero dizer, até a aldeia?

Förster interrompe o que estava fazendo e deixa o olhar pairar sobre a noite e a floresta escura. Gritos de *ayabantas* ecoam e se repetem.

— É o que temo, Miramontes, é o que temo!

3

Turim, 29 de outubro de 1888

Cara senhora Förster-Nietzsche

    Começo a me tornar célebre, de uma maneira perfeitamente inaudita. Creio que jamais um mortal recebeu cartas como as que recebo. Precisas ver o tom com que o sr. Taine me escreve! No momento, o sr. Bourdeau, diretor da Revue des Deux Mondes, está traduzindo meus livros para o francês, o mais rápido possível. O sueco Strindberg me vê como o espírito mais profundo de todos os milênios.
    Mas o que há de mais maravilhoso é o perfeito fascínio que exerço aqui em Turim. Sou a todo momento tratado como um príncipe. Quando abrem a porta para mim. Quando me trazem um cardápio. Quando entro numa loja. Não preciso nem de um nome, nem de um título, nem de dinheiro, para ser o primeiro em todas as circunstâncias.
    Creio que minha última obra está acabada.
Agora preciso escrevê-la.

F.N.

4

CADA VEZ MAIS PARA O OESTE. Para os altiplanos do outro lado do monte Wagner, nome que Förster dera à colina ao norte da Colônia: depois do rio, depois das falésias, ao pé da colina, uma vereda estreita os leva direto às grandes árvores azuis das alturas. Virginio à frente, Förster atrás, Virginio atento, deitado no pescoço do cavalo, em busca do menor sinal da passagem do índio e de Katryn, Förster de cabeça baixa, como que derrotado, esmagado pelo cansaço e por uma espécie de prostração. Arqueado sobre o cavalo, o olhar fixo à frente, mas como que alheio, desapegado da caçada e de seu objeto. Em que estará pensando? Virginio olha para ele com espanto e preocupação. Três vezes a marca de pés nus e de botinas na lama, duas pessoas caminhando uma atrás da outra, o índio à frente, a jovem atrás. Depois, um fio amarelo da camisa de algodão da jovem, presa a uma folhagem. Ele os imagina de mãos dadas, passo apertado, escorregando, às vezes caindo, abraçando-se também, ele a ajuda a pular um tronco, ela mal se queixa, cansada, mas feliz. Por quanto tempo a garota aguentará? Por quanto tempo Virginio e Förster precisarão persegui-los?

* * *

O acampamento é montado depois que a noite cai, numa pequena clareira: um fogo minguado, uma refeição rápida, dois sacos de dormir, suspensos e sumários, água para os animais e, Virginio insiste, as armas verificadas e lubrificadas... Eles voltam a montar antes de o sol nascer, e, quando deixam o local, a fogueira ainda está quente. Nenhuma palavra é trocada, Förster parece cada vez mais sombrio, mergulhado em seus pensamentos. E estes não parecem muito felizes. Estará pensando no destino da jovem? No da Colônia? No ultimato do presidente Escobar? Talvez no índio? Ou nos índios à espera deles, como haviam feito com os Schuster e os Niemeyer? Lanças afiadas e arcos retesados. Chacais, lembra Virginio; animais! Sedentos de sofrimento e sangue! Em certo momento, o Doktor, atrás de Virginio, solta um longo suspiro, depois detém o cavalo, como se quisesse dizer alguma coisa. Mas muda de ideia e volta a se fechar.

* * *

Terceiro dia. Eles de fato estão na trilha deixada pelos dois pombinhos. Ganham terreno. Descobriram um fogo da véspera, a poucos metros de seu próprio acampamento. As cinzas ainda estavam quentes. Bem ao lado, samambaias cortadas e empilhadas, em meia-lua, haviam acolhido os dois jovens, que pareciam ter se aninhado um ao outro para dormir, num encaixe perfeito. Förster se entristecera e não conseguira conter uma careta de desgosto.

– Como animais! – resmungou.

Virginio desconfia que ele sinta alguma coisa pela jovem.

Problema: o céu se fecha e a chuva começa à tarde. Uma chuva densa, dura, que machuca a pele, que encharca as camisas e as calças, transforma a trilha em riacho, os riachos em corredeiras, a perseguição em suplício. Até a noite.

* * *

Quarto dia, meio-dia. O sol está alto; o calor, úmido e pesado, é insuportável. Desde a véspera, Virginio nota que a floresta muda. Não apenas a vegetação, ou o rio, cujo leito se reduz à medida que eles sobem para os altiplanos. Ele se sente um pouco confuso, mas percebe, ao longe, várias vezes, pardais em revoada numa dança assustada, bugios que se calam, folhas e galhos que parecem farfalhar. Aqui e ali. Um mal-estar crescente, a sensação de estar sendo observado, seguido. Como se eles não fossem os únicos a correr atrás do casal mestiço. Como se eles mesmos estivessem sendo seguidos, vigiados! A mão de Virginio não sai mais do Henry.

* * *

A chuva não para, eles decidem montar acampamento mais cedo, aproveitando o abrigo de uma pequena falésia acima do rio, transformado em corredeira veloz. Virginio prageja e se enraivece, sozinho, contra a chuva, a lama, a madeira molhada; à sua frente, Förster sempre com a mesma máscara de cera impenetrável. Até que...

– O garoto está nu, entende?

A voz ecoa na pequena cavidade e surpreende Virginio, que tenta reunir alguns galhos secos. Distraidamente:

– De quem está falando?

– Ele não tem nome.

– Quem não tem nome?

– O jovem índio, o senhor não sabia disso? – pergunta Förster, mais atento. – Eles não têm nome até certa idade.

Enfim, isso para alguns indivíduos da tribo, os que podem almejar a postos de comando ou de xamã.

– Ah...?

– Recebem um nome quando tiverem um cargo. Ele ainda não tem.

Depois da fricção intensa de dois galhos de cipó que Virginio consegue encontrar, uma pequena fumaça se forma; Förster olha para ela com indiferença.

– Foi há três meses, hoje, praticamente neste dia... Caçávamos um puma, Schulz e eu. O animal havia matado uma dezena de cabras, por várias noites seguidas. Seguíamos o rio, ao norte da Colônia, o rastro do animal estava fresco, caminhávamos fazia uma hora, quando vimos uma revoada de cisnes à nossa frente. Schulz e eu nos escondemos, pensando que o puma a provocara. Mas um dos cisnes cai no rio a poucos metros de nós. Ao mesmo tempo, ouvimos vozes, uma língua desconhecida, sons de agitação na água. Três índios numa piroga. Dois jovens e uma mulher mais velha. Eles logo nos viram. E imediatamente se tornaram agressivos. Principalmente a velha. A mãe, depois ficamos sabendo, defendia os filhos. Ela agitava uma espécie de clava de pedra, que atirou em Schulz. Ela o atingiu no ombro.

Ele retoma o fôlego; a fala se torna mais lenta.

– Aquele imbecil ficou com medo e atirou, matou a velha e feriu um dos jovens. Somente o garoto não foi atingido.

– Vocês mataram a mãe dele e feriram o irmão?

– O irmão morreu. Afogado, ao cair da piroga.

Virginio começa a entender a hostilidade dos Arums da região.

– O garoto... Está nu!

– Eu tinha notado – murmura Virginio.

— Não – agita-se o Doktor –, o senhor não entende. Não esse tipo de nudez!

Förster busca as palavras, seu rosto se contrai, ele luta consigo mesmo, agitando inutilmente as mãos. Pela primeira vez, parece vulnerável.

— Na Alemanha...

Ele sacode a cabeça, se recompõe.

— Todos sonham com a Grande Alemanha, mas não sabem o que ela é. Acreditam que ela virá milagrosamente das montanhas cheias de neve ou dos tempos antigos! Como se estivesse adormecida... numa caverna, à espera de ser acordada.

Ele suspira.

Finalmente, uma chama!, pensa Virginio, friccionando os cipós.

— Fomos grandes, sem dúvida! A Grande Alemanha! Filha da Índia e do Oriente! Mas agora somos anões, anões! Corroídos por dentro...

Seus dedos se crispam, as unhas afundam na palma de suas próprias mãos.

— Nossos espíritos, corroídos! Nossos corações, sufocados! Nossas almas, diminuídas! É tarde demais!

— Tarde demais para quê? – pergunta Virginio, sem demonstrar interesse.

Ele acompanha com atenção os gestos nervosos de Förster, as gotas de suor que lhe escorrem da testa, seus tremores, seus olhos brilhantes: está com febre.

— Tarde demais para reconstruir! – diz Förster numa voz cavernosa, como um ilusionista dirigindo-se a uma plateia de meninos inocentes.

Ele se levanta e, muito agitado, começa a ir e vir na pequena e baixa caverna, costas arqueadas e cabeça dobrada para não bater no teto.

— Todos lamentam o declínio! A doença! A mestiçagem! A mistura! Eles se olham no espelho e veem a feiura e o vício que os semitas disseminaram. Mas acabou. Eles se contentam em cantar a Germânia sublime e pura que lhes foi narrada na praça da aldeia. Acabou. O senhor sabe que eles zombam da minha Nova Alemanha? O desdém! E os braços cruzados! Mas antes disso, eu...

Ele suspira, volta a sentar e puxa uma coberta. Seus tremores se tornam convulsões, seus olhos parecem duas bolas de gude, seu cabelo está todo molhado.

— Försterland não é uma ressurreição! — ele murmura.

Ele fixa as chamas como se esperasse que elas lhe ditassem suas palavras.

— Acreditei nisso, no entanto! Ah, sim, acreditei na Redenção, acreditei que ela era possível... porque eu acreditava na eternidade da Raça!

Ele balança a cabeça.

— Viajamos para despertar a Raça, mas foi um grande erro! Entende, Miramontes?

Virginio, as mãos voltadas para o fogo, assente e olha para fora, para a chuva sobre a floresta, pensando consigo mesmo que ela sem dúvida continuará noite adentro, que os dois fugitivos talvez estejam fora do alcance, que os cavalos estão exauridos, que o Doktor não fala coisa com coisa e que todos precisam de descanso.

— Toda raça é essencialmente declinante! Uma raça pura e original só pode degenerar, como os touros que lhe mostrei outro dia, em Pastorea Tuya. Pureza é decadência, esta foi a primeira lição que aprendi aqui.

Ele levanta um dedo.

— A Raça verdadeira é um valor! Segunda lição!

Um segundo dedo.

– Ou seja, uma tarefa. Uma construção, de certo modo. Nunca houve Idade de Ouro, ora essa! Nenhum renascimento é possível. A essência primitiva não é a essência geral. Os arianos nunca existiram, mas...

Terceiro dedo.

– ...eles existirão! A Idade de Ouro será! Cabe a nós começar um novo declínio! Nem mesmo em Försterland eles entendem! Eu entendi com o pequeno índio...

Sua voz se torna mais doce, ele medita. Virginio se mantém atento.

– Esse menino sem nome de batismo é filho de um povo que nunca se comprometeu. Ah, não! O senhor notou sua tez pálida, seus cabelos mais claros... É o sinal de que seu sangue não se misturou aos outros sangues aborígenes da floresta. Nem mesmo ao deles! Foi a primeira vez que encontrei a pureza, Capitán. Aquele menino está nu; aquele menino é puro! Ele é o Redentor!

Depois, solene:

– O sangue puro do Cristo está aqui, nesta floresta! Garanto ao senhor!

Seus olhos estão febris, mas não é a febre que o inspira. Virginio vê que ele acredita no que diz, que está profundamente convencido daquilo. Não é Katryn que eles perseguem, portanto. Virginio se enganara ao imaginar amores proibidos. Katryn não, mas o garoto, ou melhor, um sonho: o sonho de pureza. E um medo também: o medo de que esta seja envenenada pela degenerescência. Pela união com a jovem. Não viemos procurar Katryn! Viemos afastá-la.

5

FICHA DE CARACTEROLOGIA Nº 87

Redigida em 2 de outubro de 1888
Objeto: capitão Virginio Miramontes. Encontrado no rio, ferido, perseguido pelos indígenas.
Função: conselheiro estratégico.
Tipo sanguíneo-nervoso. Falta de autocontrole. Colérico.
Veracidade problemática.
Grande atividade sexual e poder de sedução (ver a sra. Schulz) problemático. Demônio da perversidade.
Taciturnidade e impulsividade eruptiva. Fleumático, mas empreendedor. Pode ser muito organizado. Tipo militar.
Bom atirador, bom cavaleiro, pouco impressionável. Calado, conspirador. Moralidade duvidosa.
Suscetível de ter participado dos piores massacres da Grande Guerra (Concepción, especialmente). Responsabilidade provável. Homem sem escrúpulos, mas à espera da Redenção.

Simpatia cambiante. Fé nula. Nenhum sinal de antissemitismo.

Leve claudicância e mão esquerda atrofiada.

Segundo seu diário de bordo, procura Toro Pichaí, seu antigo superior. A soldo do governo Escobar.

Deve ser vigiado.

E ele, nos vigia? Nos espia?

6

ENCOSTA SUL do monte Wagner.
    De uma margem à outra, uma centena de pés. E um rio desenfreado, lamacento, que carrega árvores, troncos, galhos e até pequenas ilhas perdidas, com grande estrondo.
    Como eles conseguiram atravessar? Virginio não vê nenhuma passagem, nenhum tronco que possa ter servido de ponte. Ele ergue os olhos: nenhuma ligação entre as árvores.
    – Não podemos passar! – ele grita, sobrepondo-se à correnteza.
    Förster não responde, está petrificado; olha para frente, fixamente, para a margem do outro lado. Uma pequena praia tocada pelas ondas desvairadas do rio, de onde Katryn os encara, com desafio nos olhos. Salvo por um pedaço de pano vermelho, ela está nua e sem pudor, voltada para eles, também paralisada. Virginio vê seus pequenos seios empinados, seus cabelos soltos desordenadamente nos ombros, algumas marcas vermelhas no pescoço e na barriga, maquiagens iniciáticas, talvez, ele não faz ideia, os ombros estão baixos, o rosto está contraído, ela está visivelmente cansada. Uma corda de cipó está amarrada a seu quadril e a prende ao pequeno indígena fugitivo. Ele a arrastou até ali, pela mata, pelas trilhas escarpadas e densas que os levavam para os altiplanos, para a travessia

do rio, sem dúvida, para que resistisse à correnteza intensa e não fosse carregada por elas.

Há uma dezena de índios em torno deles, todos igualmente seminus, cabelos e pele tão claros quanto os do garoto, cobertos de plumas. Velhos, jovens, todos altos e musculosos, delgados, a pele levemente acobreada. Dois deles, que se mantêm atrás de Katryn, são tão ruivos quanto o garoto. Eles estão imóveis, voltados para Virginio e Förster, têm uma beleza simples e singular; seguram uma lança ou um arco, ornados com plumas coloridas, vermelhas, azuis, verdes, exceto o protegido de Förster, que leva um longo facão. Virginio observa num deles, talvez o mais velho, um longo colar que vai até o umbigo e é feito de grandes pérolas de um branco fosco. Ele sente um calafrio, certo de que são vértebras humanas, ele já ouviu falar daquele apetrecho. Aqueles selvagens acreditam, de certo modo, que os espíritos de seus inimigos os protegem, geralmente o espírito de um chefe ou de um grande guerreiro.

– Vai, vai... – murmura Förster.

O barulho das águas encobre sua voz.

– Perdão?

– Vai, teu mestre te chama...

O doutor olha para Katryn com olhos mortíferos.

– Arquidiabólica! Rosa do Inferno! Foste Herodíade e tantas outras! Gundryggia, Helena...

– Do que está falando? – pergunta Virginio.

Förster não o ouve.

Nesse momento, um dos jovens Arums avança até a água, empurrando Katryn sem nenhuma delicadeza – Virginio engatilha o Henry –, tira o arco do ombro, ajusta uma flecha, e atira na direção deles: a flecha, de madeira preta e ponta talhada, morre aos pés de um Förster impassível...

– Kundry, Lilith, Briseida...

...alheio ao que se passa ao redor. Sua quimera está à distância de uma flechada, mas fora de alcance, para sempre. Amargura e raiva.

Depois, todos os Arums, juntos, soltam uivos terríveis, já conhecidos de Virginio. Eles enchem o peito, colocam a mão em torno da boca e gritam um som contínuo modulado pelos dedos, rosto voltado para o céu. Por longos segundos. Virginio sente náuseas e calafrios.

– Malditos! Olhe para esses selvagens! Eles não falam, gritam. Não tentam nem juntar duas ou três palavras para se fazer entender, eu...

Ele acaricia o Henry, sente vontade de atirar, mas se cala subitamente, pois os gritos cessam. Seu rosto se imobiliza, sua boca seca, seus gestos se interrompem: o jovem índio por quem Katryn se apaixonou levanta o facão bem alto, uma pedra fina e afiada, aqueles cretinos ainda estão na Idade da Pedra, Katryn não o vê, está de frente para o rio, ele se mantém atrás dela, olhando para ela, ameaçador, olhando para eles também, ou melhor, desafiando-os com o olhar, prestes a desferir o golpe, a plantar a arma nas costas da jovem, covardemente, prestes a cortá-la da cabeça aos pés, é natural para eles, canibais sem compaixão que se empanturram de sangue, ou idólatras, prestes a decapitá-la e oferecê-la em sacrifício a algum espírito da floresta ou do rio ou do céu.

Um longo momento, durante o qual tudo fica em suspensão.

Até que o facão de pedra finalmente cai e, de uma só vez, corta a corda que mantinha os dois jovens unidos. Virginio estremece, mas Katryn não. Talvez nem tenha piscado. Cansaço? Inconsciência da idade? Será mesmo ela? Estará drogada? A corda está no chão, agora atrás dela, como um apêndice indigno. Virginio volta a contemplar os redemoinhos do rio torrencial, a velocidade da correnteza, as margens. Ele se sente terrivelmente vulnerável e impotente, Katryn cuidara dele quando ele quase morrera por causa daqueles seres desprezíveis, metade animais, metade homens, com pomadas, curativos, carícias, palavras de consolo, e ele não pode fazer mais nada por ela, que, sem pressa e sem aviso, dá-lhes as costas e entra na mata escura, costas e nádegas brancas, seguida por sua corda e sua escolta canibal. Está perdida para nós, diz Virginio para si mesmo. Depois, um novo arrepio lhe sobe pela espinha até a nuca. Ele empalidece, mas Förster, no meio de seu delírio, não percebe nada.

– Não o mate – murmura este último, a voz queixosa.

Quando os Arums lhes deram as costas para voltar à sua Idade da Pedra, Virginio acreditou ver – não, ele viu! – um brilho dourado. Entre duas vértebras do colar do velho Arum, um longo retângulo metálico com um número 7. Curiosa impressão. Foi um vislumbre rápido, distante, mas ele tem certeza de ter visto aquele 7, como uma prova. O "7" de 7º batalhão de cavalaria, o regimento em que ele fora oficial, o regimento comandado pelo sargento-major Benitez, ou Toro Pichaí!

– Não o mate – repete Förster, na mesma voz, no mesmo tom.

Será possível que, depois de tê-lo procurado naquele oceano deserto, de tê-lo buscado em vão, ele tenha encontrado seu rastro sem querer?

– O que faz com esses macacos, Gregorio?

Förster se vira e olha para Virginio como se este estivesse falando uma língua desconhecida e misteriosa.

– Ele está nu, estou dizendo – continua o doutor, olhos dilatados, lábios trêmulos, tez pálida, com suores e arrepios que sacodem seu corpo, rosto encovado, barba emaranhada, o desespero expresso pelo corpo todo, rosto, ombros, braços nervosos cruzados sobre o ventre, mãos que se apertam freneticamente, abrindo e fechando.

O sujeito está enlouquecendo, pensa Virginio. Preciso levá-lo para casa.

– Não o mate! Ele está nu!

Um soluço.

Eles estão sozinhos à beira do rio, com seus tormentos e interrogações. A placa dourada seria um indicativo de que Benitez ainda se escondia na floresta? Ou que fora morto, assado e devorado? De repente, uma ideia terrível lhe passa pela cabeça: e se aquele colar de vértebras fosse tudo o que restasse de Toro Pichaí?

7

Ficha de Caracterologia Nº 67

Redigida em 3 de agosto de 1888
Objeto: sra. Clara Schulz, 34 anos.
Função: encarregada de armazém.
Tipo sensível-melancólico, triste.
Falta de iniciativa e amorfismo.
Fé mediana, mas sincera. Raça ariana a verificar.
Simpatia difícil. Dissuadiu a sra. Förster de uma
  relação amigável duradoura. Dissuadiu todas
  as mulheres da Colônia de uma relação ami-
  gável. Mas não os homens.
Tendências românticas. Facilmente seduzível.
Moralidade baixa, atraída pelo gênero masculino
  de tipo militar ou viril, pouco fiel ao esposo.
  Fraca tendência aos escrúpulos.
Caráter forte.
Organizada, perfeita na manutenção do armazém
  comunitário. Pouco inclinada a assumir outras
  responsabilidades.

8

Turim, 28 de novembro de 1888

Minha querida Lhama,

Desculpa-me, mas minha tarefa exige o esquecimento do presente.
Faço parte de uma espécie de homem muito inquietante. A opinião que fazem a meu respeito se baseia no medo que inspiro. Na verdade, gozo de prestígio considerável. Sou muito lido às escondidas, embora minha obra seja um atentado à cultura alemã.
Meu livro, quando pronto, agitará as massas. Um milhão de exemplares em cada língua apenas para a primeira tiragem. É um livro judeu, pois é evidente que para aniquilar o cristianismo é preciso judeus. E, de todo modo, um tal movimento de grande política precisa do capital judaico. Quando tivermos vencido, teremos superado as absurdas fronteiras da raça, da nação e das classes. Restará apenas a hierarquia entre o homem e o homem.
Tenho o azar de ser contemporâneo da desertificação do espírito alemão. Sou tratado como residente de um asilo, embora seja o espírito mais independente da Europa e o único escritor alemão. Não é pouca coisa! Até então, estive acostumado a que

entrassem em meus livros tirando os sapatos... Tu e os teus não tiram nem mesmo as botas. E que botas!

Sou o filósofo da inversão de todos os valores. E um caçador de ratos.

O monstro

P.S.: Por que essa obsessão com a verdade? Essa verdade da qual nenhum grande espírito ousou se aproximar? Não falo da mentira; falo da grande falsificação. E por que não a não verdade? E por que essa pergunta nunca foi feita?

9

Eles voltam à Colônia. Estão chegando, o sol no zênite, um calor úmido. Förster se manteve em silêncio. Comeu pouco. Seus ombros se curvavam um pouco mais a cada dia, as costas se arqueavam, o corpo encolhia na sela, como se o cansaço e o esgotamento tivessem se tornado sua essência. Ele seguia Virginio como um cão a seu dono, parava quando ele parava, descia do cavalo quando solicitado, voltava a montar, e à noite se deitava no chão, a cabeça pousada sem conforto na sela, os olhos bem abertos para o vazio, mandíbulas cerradas numa careta sepulcral.

Depois de uma semana, avistam Försterland. Exaustos, extenuados. O doutor está abatido, mantém a cabeça baixa. Os dois grandes portões da Colônia se abrem, em silêncio, e de cada lado do caminho que leva à estrebaria, os colonos, rostos neutros e encovados, veem-nos passar, imóveis, gestos e trabalhos interrompidos. Nenhum alívio, nenhuma inquietação em seus traços herméticos, nenhuma pergunta, nenhum cumprimento, nenhuma guirlanda de flores, nenhuma menção à pequena Katryn. Rosa e doce Katryn. Nenhuma raiva, tampouco, pois eles não devem saber que o pequeno índio lhes foi escondido.

Uma comunidade de espantalhos.

Os dois cavaleiros desfilam na frente de todos, passam pelo armazém comunitário, nenhuma sra. Schulz à vista, pela cervejaria, portas e janelas fechadas, e por toda parte veem os mesmos espectros desolados, as mesmas estátuas de sal que parecem não ter se movido desde a partida, tão fracas e tão frágeis.

De repente, aparece o grande Schulz, com o passo estranho e grosseiro, rosto atarantado. Ele tenta correr para não ser ultrapassado pelos cavalos a passo, sua respiração ofegante corta suas palavras, o coitado sua; não, derrete, literalmente, cabelos colados à testa e camisa molhada de suor.

– Nada aconteceu conforme o previsto, doutor!

Ele arqueja.

– Primeiro foi o pequeno Winckelmann. Um rato o mordeu no rosto, no dia do Senhor. Scheister, cuja mulher foi enfermeira, disse que seu sangue foi contaminado: enterramos o menino na quarta-feira. Seu rosto estava preto. Pobre criança.

Förster não fala, não se mexe, não diminui a velocidade do cavalo; assim, daquele jeito, levemente de lado, Virginio vê em Förster o cavaleiro da gravura, que se associava ao Diabo e à Morte. A mesma indiferença assustadora.

– Depois, três vacas foram atacadas. Um jaguar, de novo. Duas outras morreram de medo! Outra de doença.

Ele tosse, se dobra em dois, fica alguns metros para trás, corre de novo, volta a alcançá-los, uma mão no cavalo.

– Ah! Um pedaço do atracadouro também foi levado pelo rio.

Ele parece uma caricatura de estafeta, e ninguém gosta dos mensageiros de más notícias.

– Os Schuster foram embora! Em plena noite.

Ele diminui o passo.

— Não ouvimos nada. Com a carroça e dois cavalos. E...

O gordo Schulz não aguenta mais! Ele arqueja, agoniza, empaca: uma locomotiva que não consegue sair do lugar, é isso que ele parece.

— Os Heinz, os Naumann e os Schweikhart querem ir embora. Eles gostariam de vê-lo. O mais rápido possível. Estão com menos medo dos selvagens...

Nesse momento, seus olhos preocupados fixam as costas do Doktor, à espera de uma cólera jupiteriana, uma devastação titânica, mas nada acontece.

— E...

Ele hesita.

— ...as reservas do armazém sofreram um ataque.

Indiferença de Förster.

— De ratos!

Schulz, contrariado, eleva a voz à medida que os cavalos se afastam dele.

— Eles devoraram todas as sementes. A farinha e quase toda a colheita de frutas. Podemos aguentar dez dias...

Ele grita:

— Talvez quinze.

10
O arame farpado

Nota histórica*

A criação do primeiro cabo de arame farpado, um fio simples com pontas cortantes, é atribuída a Léonce Eugène Grassin em 1860, um inventor francês. Em 1865, um de seus compatriotas, Louis-François Janin, aperfeiçoou o princípio e inventou o cabo composto por vários fios de arame enrolados. No Estados Unidos, no mesmo período, Michael Kelly concebeu as mesmas modificações, mas aumentou o número de pontas cortantes, tornando a passagem dos fios, por bovinos ou índios, perigosa e difícil. Joseph Glidden, um fazendeiro do Meio-Oeste, simplificou sua fabricação em 1874 e fundou a J. Glidden Manufacturing Company: nascia o arame farpado moderno, de sucesso imediato. Três processos retumbantes (1888, 1892 e 1898) opuseram Glidden a outros fabricantes, que se julgavam detentores da patente; eles foram definitivamente indeferidos pela Suprema Corte em 1901.

---

* Brochura destinada aos revendedores da Washburn and Moen Manufacturing Company (Estados Unidos, 1901).

11

Primeira surpresa: as gesticulações schulzianas.
Faz três dias que ele está de volta. Förster já partiu novamente, com dois outros colonos: para San Bernardino, de onde eles trarão provisões e equipamentos, e para Assunção, pois o doutor tem assuntos a resolver.
Amanhece.
Faz três dias que ele está de volta, e a sra. Schulz ainda não se mostrou. É preciso dizer que o armazém comunitário está em quarentena. Infestação de ratos. E faz uma hora que Virginio contempla com curiosidade a pequena janela iluminada dos aposentos dos Schulz, esperando que ela apareça. Ele vê sombras e movimentos, cortinas que se mexem e vultos. Suspiros.
Uma porta se abre, de súbito, sem que ele esperasse; ele se esconde atrás de uma pequena palmeira e vê o gordo Schulz saindo, chapéu baixo, um puçá numa mão e na outra a carabina Spencer, que ele segura pelo cano. De onde está, Virginio pode ver a coronha desconjuntada e o cabo retorcido.
Então Schulz faz algo surpreendente. Depois de alguns passos, ele vai para o pátio do armazém, fica de quatro e começa a vasculhar a terra e a areia; ele pragueja, tosse, rasteja. Virginio arregala os olhos. Ele só consegue ver as solas dos

sapatos do sujeito e nacos de terra voando, como se Schulz cavasse uma toca. Ou um túnel.

De repente, um grito. Schulz se levanta, bate na madeira do pátio, cai e se levanta de novo. De pé, titubeia, se equilibra e então começa a correr em torno do armazém, passos apertados, uma volta. Depois duas. Virginio coloca a cabeça para fora, espantado. Terceira volta... Uma grande agitação do outro lado do armazém, Virginio não enxerga nada, mas ouve: gritos e batidas, barulhos. E uma nova volta, correndo, mas no sentido inverso...

Virginio começa a distinguir outra movimentação no pátio, longe demais para ele identificar a causa, pequenas nuvens de poeira. Ele não sabe o que é, mas sabe que é atrás disso que Schulz corre.

Finalmente! Um rato enorme aparece e, alguns segundos depois, Schulz, de quatro, o persegue, com o puçá, varrendo o vazio, levantando-se e correndo. Por que ele não mata o animal com a carabina? Ou com qualquer revólver? O circo dura mais alguns minutos. Ratos e mais ratos, mas nada da sra. Schulz. Lassidão.

Segunda surpresa: o ateliê de costura.

No dia seguinte, ao fim do dia, Virginio caminha até a grande forja. Novas ferraduras fariam bem aos cavalos, mas o fogo está apagado, frio, e o ferreiro ausente. Então ele ouve movimentos no pequeno ateliê vizinho; pelo que sabe, servia de depósito fazia alguns meses. Movimentações e guinchos. Palavrões também. O rapto de Lucrécia faria menos barulho. Ele se aproxima discretamente e se depara com uma cena curiosa: Schulz, de novo ele, e outro colono que Virginio não reconhece. Sentados diante de uma mesa coberta de velas, eles trabalham em torno de uma grande gaiola de ferro. É desta que saem os guinchos: dois grandes ratos estão presos ali dentro, tentando fugir, e um terceiro está curiosamente amarrado como um assado, pendurado pela cabeça, guinchando sem parar e mexendo-se para todos os lados. Cheiro de fezes! E sangue por toda parte. Nas mãos de Schulz, em seu rosto, no de seu parceiro, em suas roupas, na mesa, no chão, dentro de um balde. Mas nada tão perturbador quanto o que ele vê a seguir.

O parceiro de Schulz, que tem os antebraços cobertos por longas luvas de ferreiro, em couro espesso, coloca as mãos na gaiola para pegar o animal amarrado, que se debate e é defendido pelos outros dois. Raiva em estado puro, gritos estridentes, cuspes. Ele o pega e o empurra para Schulz, que, com certa habilidade e as mesmas luvas de couro, consegue agarrar o rabo, que puxa para fora e prende solidamente à parte de cima da gaiola. O animal é imobilizado. Mas não emudecido.

Um brilho azul perto de Schulz. Virginio fica mais atento: uma longa agulha curva de costurar couro é apontada para o teto e subitamente mergulhada no rato que grita. Sangue no chão. Sobre uma pilha de cadáveres de ratos. O gesto se repete, três ou quatro vezes, o animal não para de gritar, os outros se escondem no fundo da gaiola e não protestam mais.

Atrás de Virginio, uma movimentação. Schliberer e Rauss, atraídos pelos gritos do rato mártir, chegaram. Rauss sorri ao ver a expressão aflita de Virginio.

– Fazemos isso com frequência.

Virginio olha para ele sem entender.

– Costuramos o ânus do rato. Ele não consegue mais defecar e fica louco de dor!

– Enraivecido – confirma Schliberer.

– Então basta devolvê-lo à sua colônia e ele ataca todos os outros ratos.

– Uma carnificina!

– Num único dia, acabou.
– Um só, e todos os outros *Kaputt*! – explica Schliberer, com ar de entendido.
Virginio os encara, eles estão sérios, é incontestável. Ele se volta para Schulz: o que a sra. Schulz pode estar fazendo enquanto seu marido costura?

Terceira surpresa: a ratoeira.
Um leve rangido. A porta. Um cheiro de farinha. Uma luz amarela no fundo do armazém, de uma lâmpada a óleo, e no ar finas partículas de farinha. A sra. Schulz, vestido rosa com colarinho de rendas generosas, uma grande peneira na mão, coberta: seus cabelos estão brancos, o rosto e os ombros também... E seu sorriso, rosa-carmim. Como uma fruta promissora. Ele se aproxima, ela o ouve, o vê, mas faz não com a cabeça, agora não. Ela não diz nada, mas ele entende. Ela sabe que o marido ficará como um animal raivoso, que o matará, os matará, que eles precisam manter a distância, não se tocar, não se aproximar, e ela recua para a nuvem de farinha, e ele a segue, atrás do varão de roupas, ele não consegue alcançá-la, eles percorrem todo o armazém, cada vez mais rápido, num sentido, depois no outro, ela sorri, ele a deixa sem saída atrás do balcão, ela solta uma gargalhada, sua risada é uma guirlanda de pérolas açucaradas, pensa Virginio, mas ela passa por baixo do móvel, de quatro, ele ri por sua vez e a imita, quase a alcança. Do outro lado, ela se levanta e corre um pouco até o depósito antes de empurrar a porta atrás de si. Sem fechá-la. Virginio se levanta, imóvel, contemplando a madeira bruta da porta, sua maçaneta de ferro fundido, seus sulcos trabalhados. Um grande pontapé e ela se abre: Clara está ali, sentada num pequeno banco, o peito alto, ofegante, um grande sorriso nos lábios. Ela está coberta de farinha, parece um daqueles

doces argentinos que ele devorava quando criança, nos quais havia amêndoas escondidas, às vezes uma noz. Ele pega a mão dela, seu punho é minúsculo, assopra em seu rosto e ombros, pequenas nuvens se formam em torno dela, e a beija como uma criança faminta. Sua boca tem o gosto daqueles doces, e ele quer mais e mais. Seu vestido cai, seu saiote não resiste por muito tempo, seus seios são duas amêndoas perfumadas. Suspiros e risadas abafadas, ela o puxa para si. Ele a envolve, mergulha em seu pescoço. Atrás dele, que apenas tem tempo de se virar, uma enorme luva de couro vermelha de sangue e excrementos o atinge na têmpora. Schulz, de novo! Ele cai como um rato.

12

Turim, 8 de dezembro de 1888, ano 1

Querida Lisbeth, rainha do Paraguai,

Anuncio-te que me preparo para dar aos homens o livro mais profundo do mundo. *Aquele que dirá "entendi seis frases", ou seja, "vivi-as", poderá integrar a ordem mais elevada entre os mortais.* A obra mais profunda e também a mais perfeita do ponto de vista da língua. Um acontecimento que dividirá a história em duas partes, a ponto de um novo calendário ser necessário: ano 1, 1888! Teremos guerras como nunca se viram, não entre nações, não entre classes, mas entre indivíduos, graças a mim.

Sou a mais terrível pluma do mundo.

O resto é silêncio.

Aqui, tempestades de neve por toda parte; eu, humanidade de urso polar. Vejo agora que meus dedos estão azuis: minha escrita será difícil de decifrar, mas meus pensamentos nao o são também?

O frio não é meu inimigo.

Cumprimentos do fundo do coração,

O monstro

13

Clara Schulz

"Eu* nunca acreditei no que diziam de Virginio. Todos aqueles rumores, todas aquelas lendas eram, para mim, pura invenção: invenções de seus inimigos, de seus rivais ou de seus antigos amigos. Maldades. Como não ver que era uma maneira de seus ex-amigos se justificarem? Concepción, o fogo, a igreja, as crianças queimadas, as mulheres massacradas! Nunca acreditei no que lhe atribuíam: Toro Pichaí era culpado, isso sim! Mas Virginio certamente não, e quando as chamas destruíram a cidade, ele estava detido em Alcazares com os canhões, ou algo do gênero. Muitos me disseram isso. Ele só chegou depois que Toro e seus terríveis *Acà Yboty* se preparavam para executar as mulheres, e ele então as defendeu, tentou salvá-las da tragédia: em vão! Ele se culpava por ter fracassado, sei disso, ele me confessou, e vi em seu rosto as sombras do arrependimento. Então, como acreditar que tenha participado do massacre? [...]"

* * *

---

* SCHULZ, Clara. *Eine Frau in Nueva Germania*. Berlim: Klans, 1936, p. 14.

"Ele* tinha modos que contrastavam com os dos colonos. Todos eram rudes, brutamontes de espírito estreito. Ele flutuava, pairava acima de todos nós, as mãos finas, o rosto bem desenhado, a pele clara e suave, os ombros largos e retos, o passo romano, gestos delicados e o olhar franco. Como eu poderia não o ter notado, não o ter amado? Amado sua voz, melodiosa, suas palavras e sua conversa, seu espírito decidido e aventureiro. Para dizer a verdade, eu nunca tinha conhecido um homem como ele, e nunca mais conheci. Disseram que ele se atirou sobre mim como um bêbado insaciável, sobre mim e sobre outras! Mais uma vez, mentiras. Eu o escolhi e ele me amou, e mais ninguém poderia ter feito essa escolha. Nenhuma daquelas matronas e nenhuma daquelas camponesas secas e sem graça, nenhuma daquelas faladeiras carolas, cheias de ódio e amargura, presas aos maridos, bruxas de nariz pequeno, olhos pequenos, ideias pequenas. Na verdade, Virginio Miramontes tinha modos que contrastavam com os do resto da humanidade [...]"

* * *

"É** preciso entender o que era a Nova Germânia. A miséria era permanente e as dificuldades, numerosas: doenças, parasitas, umidade, despojamento, isolamento, a estupidez do casal Förster, suas obstinações morais e políticas, os índios, a fome e a proibição de comer carne, de recorrer a qualquer ajuda externa, a angústia onipresente... Somente Virginio, com sua clarividência e sua compaixão, adivinhou o inelutável desastre. Somente ele o mencionava. Mas sempre se deparava com uma barreira de surdez e orgulho. Não apenas de Förster,

---

* SCHULZ, Clara. *Virginio Miramontes intime, lettres à ma fille*, texto inédito. Coleção particular.
** SCHULZ, Clara. *Eine Frau in Nueva Germania*, op. cit., p. 213.

mas de sua mulher, a Nietzsche! Esposa horrível, irmã horrível, mulher horrível, obtusa e arrogante, instilada no sangue do marido como um veneno mortal. Não apenas do doutor e de sua esposa, mas dos colonos, que, com pouquíssimas exceções, começaram a desconfiar dele, de seu espírito crítico, de sua liberdade, que eles invejavam, começaram a falar mal dele pelas costas, a vigiá-lo, a maldizê-lo, a inventar-lhe uma lenda de demônio cruel e sensual, a isolá-lo, falaram em bani-lo, talvez pior que isso. E o sr. Schulz, meu marido, foi o primeiro: e dizer que todos se proclamavam arianos e salvadores da Alemanha, do germanismo, do cristianismo. Animais rastejantes, era isso que eram! Hoje vejo, sob minha janela, em minha cidade, em suas ruas, homens, jovens homens que falam a mesma língua que eles, utilizavam as mesmas palavras, mas com força e convicção, com orgulho e dedicação, com um arrebatamento que nenhum colono poderia ter. Försterland foi um prelúdio desastroso, mas ainda assim um prelúdio, e gosto de pensar que, em nossos dias, em nossa Alemanha milenar, seu eco brilhante se faz ouvir. Virginio, penso em ti."*

---

* Clara Schulz sempre afirmou que nunca voltou a ver Virginio Miramontes depois do infeliz episódio de San Bernardino. Em 1893, ela voltou à Alemanha, mais exatamente a Berlim, casou-se com August Früberg, em 1912, um médico militar que morreu na Ofensiva do Somme, em julho de 1916. Ela teve uma filha com ele, Birgitt. Clara Schulz morreu em 30 de março de 1938, em Assunção, no Paraguai, país a que voltara havia um ano.

Quinta parte
AS MOÇAS-FLORES

1
Memórias do conde Kessler

CERTA NOITE*, enquanto fazíamos um dos inventários secundários dos arquivos (abril ou maio de 1894), tirei de uma caixa de papelão um pequeno diário preto. O couro estava danificado, "raspado" como dizemos entre nós, apodrecido em alguns pontos e invadido por um mofo escuro. Exalava um cheiro acre particularmente desagradável. Fiquei imediatamente surpreso com os gestos de Elisabeth, um tremor, depois um sobressalto quando abri sem cuidado especial o laço de couro que o mantinha fechado. Em seu rosto, uma tensão alongava seus traços, e seu olhar inquieto não se afastava do diário. A excitação, que sempre acompanhava nossas "pequenas escavações", como ela chamava nosso trabalho, a abandonara.

Interrompi meus gestos, mas demonstrei minha perplexidade e meu espanto. Ela guardou um silêncio confuso. Insisti. Ela murmurou então, de modo quase inaudível, o nome

---

* Trecho das *Memórias* do conde Kessler, jovem aristocrata berlinense, culto e progressista, que auxiliou Elisabeth Nietzsche-Förster em seu trabalho de edição dos textos póstumos de Friedrich Nietzsche. A partir do ano de 1921, horrorizado com as liberdades que a sra. Nietzsche-Förster se permitia com a obra do irmão, ele se afastou e abandonou o projeto editorial.

"Virginio Miramontes". Era a primeira vez que o mencionava. Era o diário de bordo dele, ela afirmou, que descrevia a expedição aos confins paraguaios para dar um fim à loucura destrutiva de Toro Pichaí. Antes que Miramontes chegasse, como ela me disse então com dificuldade, em poucas palavras, apenas sugestivas, em Nueva Germania, antes que Bernhard Förster e ela mesma o salvassem. Eu conhecia, em traços gerais, a lenda negra do capitão Miramontes, sabia que ele vivera por um tempo na Colônia, embora ela nunca tivesse me falado a respeito: sua errância pelo rio depois de ter sido atacado pelos índios, seu pacto com o presidente Escobar, a ajuda ambígua que ele trouxera aos colonos, sua traição e seu envolvimento na morte do doutor Förster. Nada que explicasse, porém, a expressão de pavor de Elisabeth naquele momento. Ela o detestava, detestava lembrar dele, detestava mencioná-lo, foi o que me disse com os olhos baixos, e a lembrança daquele homem pairava nas regiões mais sombrias de sua alma.

Comuniquei-lhe minha surpresa, e ela me contou então que tipo de homem ele era: como desconfiara dele desde os primeiros instantes, quando ele ainda estava de cama e convalescendo, como ele rapidamente ganhara a confiança de Förster, depois a de alguns colonos importantes, com muita astúcia e conselhos, tornando-se indispensável devido a seus supostos talentos de militar, como ele seduzira (ela corou, parece-me) duas ou três mulheres da Colônia, corrompera suas honras, como ele tentara inclusive conquistá-la (ela confessou que ele era um homem bonito, antes de descrever seu rosto mau, de olhos fugidios), como, por sua imprudência, ele atraíra os selvagens, mergulhando a Colônia num declínio inelutável. Ela então parou de falar, com um nó na garganta, os olhos úmidos, pálida. Fiz novas perguntas. Depois de um momento, ela mencionou um pequeno índio, um adolescente que Miramontes trouxera à Colônia e aprisionara como um animal. Como? Por que razões? Ela não sabia, afirmou-me, mas sugeriu que nenhuma razão lhe seria necessária para fazer o mal, pois assim era Miramontes, o tristemente famoso "açougueiro de Concepción"!

Falava em voz baixa, mas suas palavras eram duras.

Ela havia cuidado e consolado aquela criança. A lembrança a fez derramar algumas lágrimas. Mas os selvagens não paravam de atacá-los, como mães em busca dos filhos. E Förster, a alma condenada por Miramontes, hesitava e se deixava levar. Colonos morreram, mortos por aqueles índios, mortos por causa de Miramontes, ela repetia, percorrendo o diário de bordo; eu via páginas arrancadas, outras manchadas, que ela mirava com nojo. Até que tudo acabara: o garoto fugira e Miramontes fora buscar Förster em San Bernardino. Seu rosto endureceu: ela se culpava por isso, pois fora ela que pedira isso a Miramontes, e este último levara o encantamento que exercia até o sadismo, espalhando por onde passava as notícias da queda de Nueva Germania e a ideia de que o doutor e seu fraco caráter eram as principais causas dessa falência. Calúnia, mentira! Quando os rumores chegaram a Förster, foi demais para ele. Virginio Miramontes era um homem mau, uma espécie de rato astucioso, o diabo em pessoa! Ela fechou o diário e nunca mais voltou a falar sobre ele.

2

Três dias.
    Ele vai morrer ali. Naquela fornalha. Como um animal. Seu mijo e sua merda assando junto com ele. Garganta seca, olhos secos. As lágrimas secaram, o suor secou. A ferida sangra, intermitentemente, bebida por nuvens de moscas azuis e verdes, de mosquitos com ou sem asas, bichos rastejantes, com e sem patas. Eles se empanturram, os malditos. Três dias sendo devorado. Na escuridão. Naquela maldita cabana de índio degenerado, sobre o chão batido.
    Três dias. Ele está com fome. Sede também.
    Ainda vê o punho do cretino do Schulz, perto dele, perto de seu olho, e ainda vê seu olhar alucinado também. Ele sabia que o choque seria violento, mas do choque não consegue lembrar. No entanto, faz três dias que sua têmpora esquerda é um grande tambor de fanfarra militar.
    O primeiro dia foi o mais difícil. Desacordado quase o tempo todo. Ele sentia dores, retorcia-se, gemia, num quase sono. O segundo dia foi diferente. Ele acordou em plena noite sem entender o que estava fazendo ali. Clara Schulz estava muito longe em suas lembranças, o soco e a têmpora também, ele não conseguia entender por qual milagre, ou qual maldição, suas pernas e seus braços estavam amarrados naquela cabana

perdida. Como carne de caça em decomposição! Ele havia gritado por horas a fio! Tentara o grito agudo, o superagudo, depois os baixos, perguntando-se qual passaria melhor pelo tampão vegetal. Mas seus únicos interlocutores eram os papagaios e os macacos, a Colônia continuava surda.

Ele também tentara se levantar, até entender que seus pés estavam amarrados a uma estaca num canto da cabana. As cordas cortavam seus tornozelos. O dia inteiro se virando, revirando, contorcendo, gesticulando, liberando uma mão, depois um pé, o segundo pé, um ombro, a segunda mão! Livre! Livre numa prisão!

A porta, então: vários centímetros de espessura, bem construída e presa a dobradiças de peso, nem tremeu quando ele se atirou sobre ela como um aríete, uma vez, duas vezes, dez vezes. Quase deslocou o ombro. Quase perdeu os sentidos. Um louco num cubículo de madeira no meio do nada. Até que ele desmaiou de exaustão.

Terceiro dia: a luz não entra, ou muito pouco. Ele adivinha o dia, a noite, a manhã, o meio-dia, os crepúsculos, mas, no restante do tempo, flutua num breu espesso. O tédio se soma às dores, aos cheiros, aos temores.

Ele passa a mão por todas as paredes, às cegas, em busca de alguma fresta, de alguma alavanca, enfia várias farpas na pele, muito compridas, embaixo das unhas, às vezes até o osso.

Até o milagre.

Saindo da parede, no canto mais afastado da porta, o mais escuro, no mesmo lugar onde o pequeno Arum se escondera no dia de sua descoberta, formas e relevos. Esculturas entalhadas, notáveis. Em baixo-relevo. Em alto-relevo. Sob os dedos, Virginio consegue reconhecer um rio, uma montanha, algumas árvores, uma espécie de fogueira agitada, depois um grande peixe e suas escamas, também um pássaro, um cisne, um cavalo, personagens tão precisamente talhados que ele reconhece Förster, seu grande chapéu, sua longa barba e seu fuzil, e Katryn. Em grande formato. Um busto com seios e ancas salientes. Grande inocente, ele pensa, lembrando das palavras do doutor sobre o garoto. Não muito degenerado, em todo caso! O rosto esculpido da jovem o surpreende, ou melhor, sua interpretação, o contorno dos olhos, a suavidade das maçãs do rosto, a delicadeza do nariz. Ele explora o baixo-relevo várias vezes, de maneira diferentes, detendo-se no rio, no cavalo, na montanha, e a cada vez lê outra história. Suficiente para fazer o tempo passar. Para fazê-lo morrer em paz...

Virginio acredita que não chegará ao quarto dia. Que os insetos logo o vencerão, que o terão bebido e esvaziado de sangue antes do próximo crepúsculo, que o terão comido até os ossos antes que... Maldito Schulz! Não merece nem metade do corpo da mulher que tem!

Ele abre os olhos, tira a mão dos seios de Katryn e cola a orelha na parede: sons! Galhos quebrados e plantas esmagadas. Vozes também, e os pássaros que as abafam. Alguém se aproxima. Ele grita, ou melhor, tenta gritar, mas nada sai de sua laringe seca, mas não faz mal, uma mão já está na fechadura da porta, que se abre e revela uma cabeça germânica e barbuda:

– Capitán?

Schliemann, ou Schiele, ou Schliebeudich, ele não consegue lembrar do nome, não interessa, alguém está ali, na frente de Virginio, com seu grande rosto de camponês dos Alpes.

Petrificado, Virginio está maravilhado.

– Capitán, está *kaputt*? Morto?

Ele abre a boca, nada.

– *Kaputt*?

Ele levanta uma mão. A outra se vira.

– Acho que está vivo, Frau Nietzsche. Mas não deve vê-lo assim, Frau Doktor, vamos levá-lo a Försterland e minha senhora o tornará apresentável. Assim como está, parece um daqueles selvagens.

3

Turim, 10 de dezembro de 1888, ano 1

Minha irmã, filha de Deméter,

Eu, o último discípulo de Dionísio, o deus lacerado, o deus fragmentário, seu último iniciado, o maior de seus epoptas, envio-te algumas páginas de meu projeto, a partir do qual adivinharás que Deus foi abolido e que logo governarei o mundo. Eu acredito no quarto Dionísio. Não o espero, pois ele sempre esteve aqui. Deméter logo o gerará.

Dirás a todos os teus súditos que sou o primeiro homem de todos os milênios, e então talvez vos visite.

A ilusão de Apolo: a eternidade das formas belas, a eternidade das formas alcançadas. Sonho de realização. Realidade de Dionísio: instabilidade e infinidade das coisas, e gozo consequente. Se o mundo tivesse um fim, esse fim seria alcançado. Ao lado de todo crescimento reina a lei da destruição. É indispensável que todas as coisas sejam aniquiladas a fim de que outras possam renascer.

Aguardo notícias tuas.

Não sei mais meu endereço. Creio que não fica longe do Palazzo del Quirinale.

Teu César

4
Assunção

ASSUNÇÃO, 20 de dezembro. Ele chega à cidade ao fim do dia, sob uma chuva quente. Sem tempo a perder nas ruas da cidade, ele entra na primeira pensão que encontra, a pensão Santa Lucia, na Gran Via. Colunas de madeira escura, piso de tabuão, cortinas bonitas, poltronas de veludo, grandes ventiladores no hall, camas grandes e limpas nos quartos, é tudo o que Virginio precisa depois de alguns dias de floresta, de rios quase intransponíveis, de caminhos lamacentos e escarpados, de árvores caídas. Ele se apresentou com um nome falso, consciente de não ter deixado boas lembranças em Assunção e nos arredores.

De sua janela, o rio Paraguai, com a chuva, é um rio esbranquiçado e leitoso, e suas ilhas, imensos hipopótamos adormecidos. Ele nunca gostou daquela cidade, e contempla-a de seu quarto, no segundo andar da pensão, com uma mistura de cansaço e amargura. Telhados amarelos, o palácio do governador com sua fachada branca e seu campanário, a catedral Nuestra Señora e suas torres cobertas de cal ocre, mais adiante as palmeiras cultivadas, altas e frondosas, e nas encostas as grandes estâncias com suas plantações de cana e suas caneleiras. O olhar inexpressivo de Virginio: Förster estará ali? Naquelas ruelas estreitas? Atrás daquelas paredes brancas?

Ir direto a Assunção, Virginio está convencido, foi a opção certa, a única maneira de alcançar Förster, que supostamente faria uma pausa de alguns dias em San Bernardino.

Seu olhar se detém no telhado cinzento da caserna San Luis, ao sul da cidade: lembrança das celas cheias de soldados argentinos e brasileiros, de choros, gritos, mortes também.

E Clara? Onde estará? Ele não sabe se ela passou por San Bernardino ou mesmo por Assunção. Talvez ela e o marido tenham ido direto para Villa Hayes? Para pegar o vapor que os levaria a Porto Alegre, depois ao transatlântico *Uruguay* e à Europa. Ponto final.

* * *

A sala de estar de Försterhof, há mais de uma semana, logo depois de ter saído da prisão de madeira. Frau Nietzsche, à sua frente, ereta no banquinho do piano, cara de rainha deposta, altiva, elegante, o coque bem feito mas com um longo vestido preto e gasto que ela não parava de acariciar nervosamente. Ele se recuperava: comia purê de mandioca e vagens. Aos montes. Estava autorizado a duas fatias de bacon.

Ela havia hesitado:

– Capitão Miramontes?

– Hum?

– O senhor precisa buscar o dr. Förster.

Ela falava sem o olhar nos olhos. É preciso dizer que a aparência dele não era boa: inúmeras feridas nos tornozelos, nos braços, nas mãos, irritações no pescoço, em grandes placas vermelhas, um olho inchado, picadas de inseto em todo o rosto, lábios brancos e secos, dedos trêmulos...

– E por que eu faria isso? – ele perguntara, a boca cheia.

Ela mal balançara a cabeça.

– Porque estou pedindo...

Ele não conseguira se conter.
— E Schulz, está escondido onde?
Sorriso cansado da senhora.
— Não sei. Ele se foi, escondido. Com os Erke e os Schweikhart. E com a metade do armazém: a farinha, uma dúzia de caixas de frutas, as batatas...
Ele não estava nem aí para as batatas:
— E a sra. Schulz?
Frau Nietzsche franzira o cenho; ainda sem olhar para ele. Ela corara, a pudica!
— Ela... ela o seguiu!
— Por vontade própria?
— Não sei... Suponho que sim.
Ele não tinha certeza se o brutamontes realmente pedira a opinião da mulher. Assim como não perguntara a Virginio se podia atingi-lo com uma bigorna; assim como não perguntara se podia enclausurá-lo na cabana até que ele morresse de fome, sede e calor...
— Aqui, desde a partida do doutor, os problemas se acumulam — murmurara a senhoria. — Sei que os Heinz e os Naumann também se preparam para partir.
— Para onde foi Förster?
— Para San Bernardino, depois para Assunção.
— Sozinho?
— Rauss e Fichte o acompanham.
Virginio fizera uma careta. Rauss era um cretino invejoso e Fichte uma grande palerma. Dois inúteis!
— E o que ele foi fazer em Assunção?
Ela suspirara.
— Reabastecer a Colônia, é claro. Falta-nos tudo!
Ele percebera, então, o tom melancólico da derrota.
— Ele também colocou na cabeça que precisa enfatizar, junto ao governo, seu papel de pacificador de índios.

Visivelmente, ela não concordara com aquilo. Virginio se perguntara até onde ia a audácia daquele sujeito.

– Ele espera conseguir um encontro com o coronel Morgenstern. Foi com ele que negociou a compra da Colônia. Um homem influente.

Isso fora dito sem convicção. Virginio raspava o prato.

– Mas...

– Sim?

– O doutor estava mais preocupado que o normal. Mais sombrio que de costume.

Ela olhara para ele de viés. Tentava ver se Virginio entendia. Se entendia sua preocupação com Förster, que estava no fim de suas forças; se entedia seu próprio cansaço, o dela, cansaço da selva, de seu calor úmido, dos insetos no chão, nas camas, nos cabelos, nas roupas, se ele entendia seu horror por aquele país, seu nojo das choradeiras e das covardias de certos colonos... não, de todos!... sua nostalgia da Alemanha e da Engadina, a falta que sentia do irmão adorado.

* * *

Uma música sobe da cidade baixa quando a noite cai. Virginio ouve risadas e cantorias, vê lanternas penduradas, guirlandas coloridas nas sacadas, e se dá conta de que o novo ano está chegando. Um grito na rua: duas putas, de vestidos vermelhos e pentes dourados, ombros de fora e coxas nuas, chamam-no às gargalhadas, cambaleando.

– *Comandante!* – chama uma delas, com gestos obscenos, uma garrafa na mão.

A menor, de repente, vomita aos pés da maior.

A cidade fede a podridão. E a falso arrependimento.

5

20 de dezembro de 1888, ano 1

Minha caríssima,

Acabo de selar uma carta que enderecei ao imperador Guilherme II. Sabe ele a honra que lhe concedo? Sabe ele que precisei superar a grande repugnância que me inspira tudo o que é alemão? Mas precisava falar-lhe da proximidade da crise, da Grande Crise, da mais profunda colisão das consciências, avisá-lo do julgamento contra tudo o que foi, até agora, acreditado, proclamado, justificado. Não apenas eu lhe disse que a verdade falava através de mim, mas que ela era assustadora, anunciei-lhe a inversão de todos os valores. Sou o portador da boa-nova, pois sou o homem da fatalidade.

Teu irmão, César

P.S.: *Enviei uma cópia a Otto von Bismarck.*

6

ELE NÃO ENTENDE. Faz um dia que percorre a cidade. Ninguém viu ou ouviu falar da chegada de Förster a Assunção. Ele é um fantasma. Nada nos hotéis ou nas pensões, nada no vice-consulado da Alemanha. Ele é conhecido, no entanto, basta ver pelos sorrisos que se desenham quando as pessoas ouvem falar do fundador de Nueva Germania, ali sinônimo de loucura branda e de asilo de loucos. No porto, nada também: Virginio vê o novo vapor encomendado por Förster em dique seco, e descobre que seu carregamento foi suspenso até o pagamento de várias letras de câmbio; mas o mestre de obras, barriga enorme, mãos largas, hálito de peixe, não via Förster havia seis meses.

E ele deveria ter chegado há dois dias.

A pensão Rodriguez. O bordel mais famoso de Assunção, a dois passos das casernas San Juan e San Sebastián. Virginio, no escuro do fundo da sala principal, sozinho a uma mesa, vê as prostitutas descerem da galeria e se atirarem nos braços de soldados e peões, muito excitados. As risadas são exageradas, eles são gordos, estão bêbados, os suspensórios caem, os joelhos tremem. As putas são meninas guarani, quase todas, de treze ou catorze anos. Todas se parecem, rechonchudas, pele azeitonada, bochechas rosadas, cabelos pretos e espessos soltos caídos sobre os seios em botão. Há trinta delas. Vestidos idênticos, vermelhos, pretos, rendas abundantes. No alto da galeria, uma tímida faz seu charme. Ela hesita. Virginio a observa com curiosidade, ela é visivelmente diferente, mais fina, mais branca, não tem em seus traços, delicados e alongados, nenhum sinal de mestiçagem, tem cabelos claros, em que se vê um lírio branco; cabelos que caem até os quadris. Ela contempla a sala como Perséfone as portas do Inferno. Com uma mistura de inocência e temor.

– Miramontes!

Ele se sobressalta. Rita, a segunda mulher de Rodriguez, morena alta e volumosa, cabeleira alta no topo da cabeça, como um bolo, o colo se oferecendo a todos os olhares, planta-se na frente de Virginio, mãos nos quadris. Visivelmente, ela viu o diabo.

– Olá, Rita.

– O Capitán Mi-ra-mon-tes em pessoa!

Sorriso crispado de Virginio, que preferia que sua presença não fosse notada. Eles estavam a dois passos da caserna. E de lembranças ruins.

– Devo estar sonhando! – ela murmura, a voz trêmula.

Seu rosto tenta sorrir, mas ela empalidece e seus olhos se enregelaram. Seu sonho parece um pesadelo.

– Disseram que estava morto...

– Ah?

– Índios ou soldados do exército regular o teriam encontrado, no ano passado ou há dois anos. As versões mudam. Não é verdade, então?

Ele olha para o copo e para o líquido denso e cinzento que lhe serviram. Uma espécie de chicha salgada fermentada. Ele sorri. Olha para ela, velha puta de pele gasta. Nada indica que tenha sido uma mulher bonita.

– Não é totalmente mentira – ele diz, sem expressão na voz.

AS MOÇAS-FLORES

Rita mexe as pernas como uma criança apertada para ir ao banheiro. Aquele homem a deixa literalmente apavorada, com seus olhos claros e sua lenda negra. O último Acá Yboty, com exceção de Toro Pichaí, que assombrava a floresta, todos diziam. O último dos que disseminaram o terror durante a Grande Guerra, que multiplicaram as atrocidades e os crimes mais terríveis, era isso que diziam sobre eles. Diziam que *la Muerte* e *el Diablo* os inspiravam, que eles escalpelavam suas vítimas durante a batalha do Riachuelo, ou na de Curuzu, ela não lembra mais, e depois se cobriam com os escalpos, que costuravam uns aos outros. Crianças assassinadas, mulheres desventradas, homens, jovens ou velhos, torturados sem motivo. E Miramontes, dizia-se, era um dos líderes. Todos conheciam histórias a seu respeito, meu Deus, o que vão dizer quando souberem que ele está vivo? Miramontes em Assunção; na casa dela, Rita.

– Você viu o doktor Förster?

Ela franze o cenho, depois ergue os olhos para o teto, em sinal de intensa atividade cerebral.

– O alemão?

Ele assente.

– O que quer saber?

– Ele passou por aqui ultimamente?

Ela hesita, morde o lábio inferior, olha em volta, com medo de que a vejam falando com ele.

– Não que eu saiba – ela responde.

A menina do lírio branco começa a descer as escadas, num passo tímido, tremendo da cabeça aos pés, pobrezinha, temendo ser devorada por aquela turba de homens excitados, não sem razão. Os lobos estão à espreita.

– Rita!
– Sim?

— Sei que sabe de alguma coisa. Então chega de enrolação. O que pode me dizer sobre Förster?

Um sargento de infantaria, do 2º batalhão, uniforme rasgado, um gordo bêbado e sujo: ele vê a menina do lírio branco no exato momento em que ela pisa na sala, ele não acredita nos próprios olhos, pula em cima dela, agarra a pequena com um grito de alegria, ela é linda demais, uma branca de cabelos claros e quadris estreitos, vejam, rapazes, se seu ar tímido não é o sinal do vício! E sua pele quase transparente, revelando as veias, rapazes, veias violetas e azuis, o gordo baba, nunca viu algo tão lindo, tão puro, e seus colegas com ele, que se perguntam se vão poder tirar proveito, o sujeito é egoísta, pois a pequena também deve custar uma pequena fortuna, ele quer acariciá-la, mas a sacode, por hábito, passa a menina pelos companheiros para que eles a toquem e vejam aquela maravilha, todos mais bêbados que ele, talvez, antes de puxá-la novamente para si, quase destroncando seu braço, ela solta um gritinho, que o diverte, ele a imita, uma grande hiena que imita a corça – espetáculo grotesco, pensa Virginio –, antes de deitá-la sobre seus joelhos e dar-lhe umas palmadas na bunda, cada vez mais fortes, porque ele brinca cada vez menos, porque seus olhos se dilatam e ânsias assassinas chegam a seu cérebro; ela é linda demais, a hiena, a corça, ela cerra os dentes, grita, mas sem convicção – quem poderia ajudá-la? –, e engole as lágrimas.

— Lembra da gorda Paloma?

Virginio se concentra, suas lembranças são confusas.

— Não.

— Ela abriu sua própria pensão em San Bernardino.

O vestido da menina voa pela sala. O saiote também.

— E?

— Uma de suas garotas passou aqui anteontem. Veio ver a irmã, que trabalha aqui.

Rita se preocupa com a pequena do lírio. Pagou caro por ela, eles não podem machucá-la demais.

— E... ela me disse que dois sujeitos com forte sotaque alemão se hospedavam há alguns dias na pensão. Ficavam bêbados o dia inteiro e faziam escândalos, e Paloma não conseguia expulsá-los.

— Förster?

— Não...

Ela olha por cima do ombro: a menina está de joelhos, a cabeça entre as coxas do sargento, os cabelos agitados por um movimento obsceno, a pureza de veias azuis provando dos frutos do Inferno, que está longe de acabar.

— Mas a garota tinha certeza de que eles vinham de Nueva Germania.

— Rauss e Fichte — ele murmura.

Depois, com a voz mais clara:

— E aqui? Ninguém de Nueva Germania? — ele pergunta, pensando nos Schulz.

Careta enrugada da puta, que diz que não.

Antes de ir embora, na salinha que serve de vestiário ao bordel, ele vê a roda quebrada de uma cadeira de rodas. Atrás dele, risadas abafam o som de gritos.

7

Domingo, creio que de dezembro

Cara senhora,

Faz frio. Hoje, linda caminhada.
Perdi-me antes de chegar a meu palácio. Confusão das ruas e dos caminhos.
Depois, de volta a meu quarto, redigi uma proclamação com vistas à destruição da casa Hohenzollern. Essa raça de idiotas escarlates. Ao mesmo tempo, fiz Vítor Bonaparte de Kaiser e nomeei meu excelente sr. Bourdeau, redator da Revue des Deux Mondes, *embaixador em minha corte.*

Friedrich César

8

San Bernardino

Faz uma semana que ele deixou Assunção. O céu parece plano acima de San Bernardino. Plano e cinza. Nenhum vento. O lago, mais abaixo, parece rosa e vermelho, coberto de íbis e flamingos. Algumas embarcações no cais, outras, mais raras, de velas abertas. Velas azuis, velas amarelas. Mais adiante, o verde-escuro da floresta coberto pela revoada branca das gaivotas andinas. Em torno do lago, telhados de palha, de telha vermelha, fachadas amarelas, palmeiras em abundância, estradas de terra ocre que abastecem a pequena cidade.

O hotel Del Lago é a casa mais imponente. E a mais barroca também: uma longa construção rosada protegida por uma colunata vultosa, em dois níveis, um teto baixo e uma linda galeria no andar. No centro do prédio, uma espécie de pátio de opereta rodeado por torreões ameados e coroados com bandeiras frondosas: o azul, o branco e o vermelho do Paraguai, o preto, o branco e o vermelho da Alemanha, o vermelho e branco da Suíça. San Bernardino foi fundada por alemães e suíços, disseram-lhe. Aquela é a prova. Se Förster ainda estiver na cidade, é ali que deve se hospedar.

O hall é uma maravilha da arte colonial. Revestimento de madeira vermelha, colunas em grande quantidade, teto densamente trabalhado, assoalho recém-encerado, lamparinas de latão em todas as paredes, tapetes espessos, funcionários prestativos e clientes de grandes bigodes e ventres avantajados. Ricos criadores de gado, na maioria. Argentinos, brasileiros – Virginio reconhece o cheiro rançoso que exalam, não devolve o bom-dia – e um americano. E flores por toda parte. Virginio não lembra de jamais ter visto tantas.

O quarto custa uma fortuna, mas não tem vista para o lago. O gerente confirma a presença de Förster no hotel, mas diz que ele não aparece muito e que pouco o vê. "Onde ele está?" Expressão constrangida do gerente. Förster frequenta o bordel. "Não! Sério?! E os Schulz?" Virginio agora tem certeza de que eles não passaram por San Bernardino. Ao que tudo indica, a cidade é um beco sem saída.

Quatro ou cinco dias antes, em Assunção, no pequeno mercado de Jeronimo, ele dera de cara com um de seus antigos oficiais. Mendes. O sujeito empalidecera ao vê-lo, tentara se esquivar, mas tarde demais, Virginio o agarrara pelo colarinho: Mendes usava um belo uniforme de oficial do estado-maior, dragonas com fios de ouro, várias medalhas, a patente de coronel; bastara sacudi-lo um pouco para que as informações caíssem como frutas maduras. Ou melhor: depois de dois minutos, Mendes confessara estar trabalhando para o cônsul Morgenstern, no ministério da Imigração, o mesmo Morgenstern que se encontraria com Förster. Depois se aproximara de Virginio para cochichar, em tom de confidência, que ele não deveria se demorar muito em Assunção, que fazia alguns dias que sua presença na cidade era conhecida e que alguns se incomodavam. Confidência ou ameaça?

Virginio também o pressionara. Ele sabia onde Förster estava?

– Förster está em San Bernardino.

Diante do olhar frio de Virginio, ele acrescentara:

— A Colônia está perdida! Um verdadeiro desastre! Sabíamos desde o início. Förster foi enganado; as terras que ele comprou são impossíveis de cultivar e impossíveis de trabalhar, alguns o haviam avisado, ninguém as queria, mas ele se recusou a ouvir a razão. Quanto mais longe de nós ele estivesse, melhor seria, foi o que disse. Um louco!

Ele balançara a cabeça.

— Mas acabou: sabemos que os novos colonos que eles esperam da Alemanha nunca virão. Eles desistiram. Ora, o povoamento é a própria condição para a sobrevivência da Colônia.

— Förster sabe disso? Sobre os novos colonos?

— Claro que sim! Há várias semanas. Morgenstern lhe escreveu várias vezes sobre isso. E há poucos dias, em San Bernardino, ficamos sabendo que a Colônia se despovoa, que seus habitantes morrem de fome e tentam fugir. Algumas famílias chegaram a San Bernardino famintas. Morgenstern solicitou informações oficiais. Não recebeu resposta.

— Sabe o nome das famílias?

— Não. Mas deve haver umas quatro ou cinco por lá.

— Não entendo: por que ficam em San Bernardino? Por que não vêm para cá?

— Não têm dinheiro. Estão completamente pelados. Pediram emprego nas grandes estâncias alemãs. Estamos na época da colheita da cana, há um pouco de trabalho. Na minha opinião, alguns gostariam de acertar as contas com Förster!

— Sabe se a família Schulz está por lá?

— Não faço ideia.

Virgínio soltara o coronel Mendes, que aproveitara para escapar, como um macaco fugindo do cativeiro, e se perder na multidão do mercado.

9

Turim, último dia do ano I

Mas quem sois vós?
Hoje ou amanhã.
Atirar o papa na prisão.
Mandar fuzilar Bismarck e Stöcker.
Logo depois, comerei no restaurante. O mesmo prato que da última vez. Não lembro mais o que comi, mas gostei.

Friedrich César

10

PRIMEIRO DIA, nada.
Primeira noite, nada.
Segundo dia, fim da manhã, encontro com Schulz. O gordo trabalha para um cultivador de urucum, enchendo grandes sacos de pano com os frutos avermelhados dessas pequenas árvores, colocando-os em pequenas mulas, e estas a bordo do *San Irina*. Há dez homens trabalhando com ele, quase todos peões, mas Virginio reconhece entre eles dois colonos de Nueva Germania: Hans Erke e Jan Schweikhart. Ele os observa de longe, cinquenta metros os separam, sob a sombra de uma sumaúma, invisível. Ele espreita, vê mulheres ao longe trabalhando numa pequena praia, os pés dentro d'água, lençóis ao lado, mergulhados alegremente. Mas nem sinal de Clara Schulz. Ele espera algumas horas, bem escondido, tem todo tempo do mundo, até ver Schulz fechar seu saco e subir a bordo do *San Irina* com Erke e Schweikhart. As costas estão curvadas e o cansaço é evidente. Virginio não previra que Schulz pudesse morar na outra margem.
  Segunda noite, nada. A sala do bordel, em estilo mourisco afetado, com louças azuis e muxabaris em todos os cantos, está cheia: clientes barulhentos e embriagados, garrafas no chão, saiotes e crinolinas também; as garotas passam de mesa

em mesa, de colo em colo, beijam como hipopótamos, riem como macacos. Acima da sala, um mezanino e quartos com portas que batem. "Em qual deles Förster se esconde?"

Terceiro dia. Por meio peso, um pescador atravessa Virginio ao outro lado do lago, no fim da manhã. Virginio nota que lhe falta um dedo de cada uma das mãos, pergunta o motivo: as piranhas que infestam o lago há alguns anos, ele responde. Da espécie mais feroz. É difícil colocar a mão na água sem perder um pedaço.

Do outro lado do lago, pequenas estâncias com trabalhadores agrícolas que o veem passar com espanto; ele precisa logo encontrar um ponto de observação de todo aquele pequeno mundo. Atrás de uma pequena cabana de madeira. Fim do dia: Schulz, Erke e Schweikhart voltam da outra margem, em silêncio, e sobem para os alojamentos coletivos, aparentemente um grande dormitório. Somente homens, alemães, também alguns guaranis. Virginio ri por dentro: os puristas do sangue ariano precisam engolir seu orgulho. Com a chegada da noite, ele surpreende Erke e Schweikhart deixando o dormitório e subindo até pequenas barracas individuais no alto da colina. Sombras na de Schweikhart; na de Erke, a esposa o recebe. O que Schulz fez com a mulher?, pergunta-se Virginio, um pouco preocupado.

Terceira noite. O bordel. A mesma dança infernal de mulheres seminuas, os mesmos homens embriagados de sexo e bebida, os mesmos gritos e as mesmas gargalhadas obscenas, as mãos que acariciam, as bocas que sorvem, que engolem, as pernas que chicoteiam os ares, um violino triste. Virginio já viu o suficiente, prepara-se para ir embora, cansado de sua busca, quando avista uma massa caída numa mesa do fundo da sala, numa pequena alcova de paredes atapetadas. Um homem, sobrecasaca e botões dourados, rosto caído, mãos pensas.

Virginio se aproxima, o homem não se mexe, completamente desacordado. Ele o pega pelos cabelos e tenta levantá-lo. Não o reconhece imediatamente. Cabelos sujos, barba comprida e desgrenhada, gravata aberta... Não é Förster, mas o que restou dele, sua sombra, seus destroços. Os dedos estão vermelhos e irritados, lábios rachados e secos, ele fede a álcool e ópio. Nada a fazer. Ele solta os cabelos dele e a cabeça bate na mesa com grande estrondo.

Quarto dia: nada. Clara Schulz continua sumida.

Quarta noite: mesma coisa. Förster não aparece.

Quinto e sexto dias. Virginio percorre a cidade em todos os sentidos, mas não encontra nada, nem sinal de Clara. Observação atenta do sr. Schulz. Ao fim do sexto dia, tomado de desespero, ele se revela. A sra. Erke volta do pomar. Cesto na cabeça, cestos nos braços, laranjas, limões, urucum, ela empalidece ao ver Virginio, diminui o passo e se imobiliza, antes de rumar para o pátio de sua pequena casa e de se livrar dos cestos. Uma laranja rola pelo chão, Virginio a pega e a entrega à mulher. Com um sorriso.

Ela não se faz de rogada. Fala muito, uma torrente de palavras. A Schulz, ela diz, não dirige mais a palavra ao marido, não quer mais ouvir falar dele, amaldiçoou-o, ela o evita, foge dele. Mas onde? Lá, atrás das colinas, na estância do coronel Cortillo, ela cuida da casa, dirige os empregados, se ocupa das roupas, da administração, é uma casa muito boa.

Sétimo dia. O dia nasce. O céu acima do lago está cor-de-rosa. Centenas de animais acordam: eles cricrilam e cantam nas árvores. Os perfumes são intensos a essa hora do dia, jasmins, jacintos, caneleiras, eles enchem o ar e os pulmões de Virginio. Suas mãos estão cobertas de bolhas: duas horas remando para atravessar o lago. Ele as enrola com um pano fino. Está à espera de Schulz.

O gordo aparece antes dos outros trabalhadores e sobe o caminho da colina para bebericar um café na casa de Erke. Como todas as manhãs. Hoje, porém, ele não chega até lá, Virginio o intercepta no meio do caminho, acerta-o com um pedaço de pau na cabeça, o gordo cai de joelhos, sem fôlego, sem entender, parece querer resistir, se levantar, mas um segundo golpe, mais forte do que o primeiro, o faz cair de cara no chão. Uma olhada em volta: ninguém à vista. Virginio se apressa: tira uma corda grossa da sacola, amarra as pernas do sujeito, depois o arrasta até o atracadouro. Correndo. Schulz, o rosto contra o chão, come areia e grama, o que o faz sair do torpor, ele arqueja, seus dentes batem nas pedras, seus lábios se abrem e um rastro de sangue o segue até o lago. Virginio demora para recuperar o fôlego, depois, com a ajuda dos remos, empurra o corpo do comerciante para dentro da embarcação, e começa a remar na direção da pequena cidade.

Suas mãos parecem eletrizadas, estão extremamente doloridas, mas ele aguenta firme e rema: pensa na cabana de madeira em Nueva Germania, na raiva, na sede, no medo, nos ratos costurados, na Spencer que vezes demais o atingiu na cabeça, em Schulz encolhido no fundo da canoa e que ele chuta para que se acorde, em sua mulher, seus lábios, sua pele, sua doçura, sua cor. No meio do caminho, ele pega uma faca e corta as calças e a camisa de Schulz, deixando-o quase nu. Ainda inconsciente. Depois, com a mesma faca, ele corta os antebraços, as coxas, as canelas de Schulz. O gordo acorda e grita como um porco. Tão alto que devem ouvi-lo das margens do lago, tão alto que Virginio precisa acertá-lo com o cabo da faca: os lábios se abrem como uma laranja e dois dentes caem no fundo da canoa. Virginio o amordaça, depois o vira com força e continua seu trabalho de açougueiro: as costas, as nádegas, a parte de trás das coxas e as panturrilhas. O fundo da embarcação fica vermelho, como se ele transportasse urucum.

– Chegou a hora, Schulz!

O outro tem os olhos esbugalhados, tenta entender o que está acontecendo, em vão, compreende que tem poucas chances, geme, mas não adianta.

– Chegou a hora, Schulz maldito. A hora de pagar. Foi mexer com o diabo...

Ele passa a corda por seus braços e em volta do pescoço, sem apertar demais. E empurra o corpo para a água, ouve um grande splash e ajusta a corda para que ele flutue puxado pela canoa. "Vamos dar uma volta?", pergunta Virginio, pegando os remos, sem nenhum sorriso, levando a canoa na direção de San Bernardino, passando pelos jacintos, arrastando Schulz como uma âncora flutuante, à flor da água.

Schulz ainda não entende, ele consegue abrir um pouco os braços e nadar, mas não o suficiente para se livrar da corda, então a puxa para se aproximar da canoa. Virginio faz com que ele pare a golpes de remo. Em torno da canoa, a água se torna levemente rosada, talvez devido às roupas de Schulz, cheias de urucum, talvez devido ao sangue que sai de suas feridas. O perfume da canela e do jasmim enchem o ar.

Depois de três ou quatro minutos, Schulz solta um pequeno grito discreto e fica completamente imóvel. Alguma coisa o cutuca embaixo d'água. As algas? Os jacintos? Um minuto depois, novo grito, mais claro, mais forte. Ele geme dentro da mordaça. De repente, um grande número de nadadeiras aparece dançando em volta dele. Seus olhos se dilatam de medo, ele ouvira falar daqueles monstros que podem comer uma vaca em poucos minutos. As nadadeiras partem para cima dele. As águas se tingem de vermelho-sangue. O corpo de Schulz estremece, sacode, se espalha na água, centenas de piranhas o mordem e o devoram, um caldo sanguíneo se forma a seu redor. O rosto de Schulz é uma máscara de sofrimento e estupor.

À flor da água.

11

Turim, 3 de janeiro de 1889. Ano 2?

Cara Ariadne,

O *mundo está iluminado porque Deus está na Terra. Encontro-a, doce Ariadne abandonada.* Fui Buda entre os hindus, fui Dionísio na Grécia. Alexandre e César são minhas encarnações, assim como Shakespeare ou Lord Bacon. Por fim, fui Voltaire e Napoleão, mas talvez também Wagner. Desta vez, porém, pela última vez, venho como Dionísio vencedor.
Farei da Terra um dia de festa, mesmo que eu não tenha muito tempo. Uma festa e uma grande gargalhada histórico-
-mundial.
Ariadne, eu te amo!

Dionísio

12

Sétima noite. Ele não sai da mesa ao fundo da sala, em sua alcova, mas parece mais lúcido. Förster está desperto, sentado, mais duro que um fantoche fora de cena, e contempla a parede à frente. Uma parede que está a menos de dois metros, nua, sem interesse, mas que parece obcecá-lo. Ele não vê Virginio quando este vem se sentar a seu lado. Seus traços parecem mais profundos, os olhos perderam o brilho, os pelos da barba parecem formar cordas, os cabelos estão desgrenhados, e o cheiro de ópio e álcool continua pairando a seu redor. Em cima da mesa, duas garrafas vazias e nada que permita identificar o líquido que as enche.

– Doutor?

Nenhum movimento.

Atrás deles, as putas se divertem numa grande festa, amanhã será outro dia, outra época, o violino não para de tocar, há danças entre as mesas. As putas estão vestidas de maneira curiosa, Virginio faz uma careta, elas vestem falsas folhas de samambaia que parecem vestidos de renda e não escondem nada; peitilhos coloridos com babados, transparentes, revelam seios turbulentos que dançam cadenciadamente, e golas generosas formando corolas de pétalas azuis ou amarelas. Lábios e bochechas estão pintados de vermelho, os olhos, com uma pasta verde, são obscenos. E os tornozelos e os pés estão de fora.

Em poucos minutos, a música se torna mais alta, as danças mais agitadas; os homens perdem a cabeça, os véus e rendas se rasgam, as corolas murcham, os risos se tornam mais forçados. Petardos, pequenos fogos de artifícios, copos que quebram. A festa se transforma em orgia. As mãos tocam as carnes, abrem os botões, os lábios brilham, as roupas caem ao chão.

– Vinho, baronesa!

Virginio leva um susto. Förster acaba de sair de sua letargia: o danado está com sede! Uma garota se aproxima e enche uma grande taça com um líquido avermelhado. Virginio não o beberia nem por todo o dinheiro do mundo.

– Os mundos selvagens, a floresta, as façanhas, a aventura, tudo isso me atraía, entende, meu amigo? – o doutor proclama de maneira sentenciosa e súbita.

Virginio abre a boca para responder, mas é interrompido.

– Estou na origem de todas as desgraças...

Ele dobra a coluna, a barba entra no copo, os olhos se enchem de lágrimas.

– O pequeno Wolf!

Ele balança a cabeça.

– "Compaixão", ela disse.

Förster estava no inferno e seria impossível tirá-lo dali naquela noite.

– Vá dormir, Förster, vou levá-lo ao hotel.

– É meio-dia! – ri o doutor, em resposta, antes de levar o copo aos lábios. – Lá fora, é noite, mas é meio-dia.

O vinho tinge sua barba, se mistura às lágrimas, escorre pelo pescoço, pela camisa, pelo casaco.

– Não fiz isso por dinheiro, como todos esses aí – ele diz, apontando para os outros clientes do bordel. – Olhe para eles: todos gordos! Com seus olhos negros profundos, seus queixos grisalhos, seus narizes tortos. Todos judeus, acredita, meu filho?

Virginio só vê fazendeiros guaranis.

– Judeus indígenas, quem poderia prever uma coisa dessas? E camponeses, ainda por cima! Com as mãos sujas de terra! Hein? Quem!?

Ele faz menção de se levantar, as pernas vacilam, os braços tremem, o chão foge e ele desaba na cadeira.

– Judeus! – ele grita, a voz abafada pelo som da música e das cantorias.

Ele tapa os ouvidos:

– Meu Deus, cale esses cantos, parece que estamos numa sinagoga!

Ele fica assim, as mãos coladas nos ouvidos, por alguns segundos, até ser sacudido por fortes soluços.

– Não conseguirei salvá-los; é tarde demais.

Virginio olha para ele com frieza. Sem piedade, sem simpatia. Decadência do espírito, do caráter, da resolução, ele constata. Os nervos estão em frangalhos.

O doutor levanta a taça, trêmulo, e examina seu conteúdo à luz de um candelabro da alcova. Um vinho misturado com água, rosado, com insetos boiando na superfície.

– O cálice da salvação.

Uma risada. Uma risada de comédia italiana.

– Acreditei nisso, sabia. Acreditei que ele salvaria a todos nós.

– Ele quem?

– Sua pele, seus olhos, seu ar inocente. Sua pureza, suas veias azuis. Seu sangue... tão puro! Posso confessar-lhe uma coisa, Capitán? – ele pergunta, virando-se para Virginio. – Dei-lhe um nome.

— A quem?

— Ao pequeno índio branco, ora. Parsifal! — diz o doutor, com solenidade, os olhos apertados para ver se Virginio entendia.

Mas Virginio não entende.

— Por sua inocência, sua pureza!

Depois ele fixa a parede à frente, e seu olhar o atravessa.

— Veja bem, Nueva Germania é um fracasso... Um castelo de areia. Não, não me conteste, é verdade! Mas ninguém pode prever o próprio fim! Que vida pode ser tão perfeita a ponto de se extinguir quando tudo se extinguiu? Toda vez que criamos, abrimos o inacabado, exploramos possíveis que abrem outros possíveis. O perfeito e o imperfeito não se opõem.

Virginio não reage, todo seu ser está fixo nos lábios úmidos de Förster, tentando entender o sentido de suas palavras.

— Tudo acaba no inacabado, é... O infinito existe, mas é progressivo, está em curso, é puro devir, o que não tem fim...

Seu rosto se exalta.

— Nueva Germania tem um pouco disso! Um processo que não pode ser interrompido.

Ele olha para o copo. Depois grita:

— Deus!

Virginio leva um susto.

— Não acredite que o mundo criado seja perfeito: não! Yahvé deu a largada depois do sexto dia: o maldito não acabou o trabalho.

Ele soluça.

— O inacabado, é nele que se esconde a perfeição. Entenda: não há conclusão sem negação; toda vez que concluímos a conclusão, matamos hipóteses e eventualidades: não é trágica, essa eliminação?

Um véu nos olhos, ele fixa Virginio.

— Preciso terminar aquela maldita cerca de arame farpado. Depois ele volta ao forro atapetado que tem diante dos olhos.

— O fim não existe. Deus não fez o mundo em seis dias: ele o deixou inacabado. Por que devo acabar aquela cerca?

De repente, a roda de putas surge ao lado deles. Há quatro putas, quase nuas sob restos de samambaias e pétalas. Ainda não estão satisfeitas; felinas, querem mais e mais.

— Mas é você que grita como um selvagem? — pergunta a primeira a Förster.

— Chamou, doutor? — pergunta a segunda.

— Não nos quer hoje, queridinho? — ironiza a terceira, levando a taça de Förster aos lábios.

— Está com o rifle engatilhado? — quer saber a primeira, acariciando-o entre as pernas. — Ele é meu esta noite — ela diz rindo às companheiras.

— Não, é minha vez — protesta a primeira.

— E por que não a minha? — replica outra.

Förster não se mexe, deixa as moças-flores falarem, ele acaricia uma, mexe na outra, seus olhos voltam a brilhar, ele ri com elas, esquecendo-se de Virginio.

Duas semanas depois, o dr. Bernhard Förster, sozinho em seu quarto do anexo número 2 do hotel Del Lago, em San Bernardino, bebe uma grande taça de vinho rosé misturado com estricnina. A dose é fatal. A seu lado, um bilhete rabiscado sem capricho:

"Meio-dia, é chegada a hora! Morrer sozinho.
Bebo um sangue que me envenena,
Um sangue santíssimo. Piedade para eles.
Para a Alemanha. Nenhuma redenção."

13

Ficha de caracterologia Nº 3

Redigida em 3 de janeiro de 1888
Objeto: eu mesmo, o dr. Bernhard Förster.
Função: precursor, explorador, inspirador.
Casado.
Ódio judaico absoluto. Local de residência original: Alta Engadina.
Profissão: professor, escritor, criador, idealista, político.
Wagneriano de primeira hora. Alemão de sangue. Alemão de coração. Alemão de alma. Raça ariana autêntica.
Pode ser classificado como sanguíneo-frio. Suscetível a reações intensas mas justificadas. Casta dos guias e dos visionários. Tipo político, no sentido nobre do termo: empreendedor e diplomata.
Ligado legitimamente à sra. Nietzsche-Förster, que considera como uma conselheira.
Grande fé sincera. Ódio aos papistas e aos espanhóis.

Capacidade de adaptação. Curiosidade e desconfiança. Simpatias problemáticas.
Admirador de R. Wagner, de suas ideias, de sua música, de seu *Parsifal.*
A Causa acima de tudo.

14

Turim, 4 de janeiro de 1889, ano 2 do novo mundo

Parece confirmado de maneira irrevogável que realmente criei o mundo.
Serás Kundry, aquela que ri enquanto o mundo vacila?
Amanhã, meu filho Humberto I chega.

O Crucificado

P.S.: Acabei de mandar fuzilar todos os antissemitas.

Epílogo

Basileia, março de 1889

— NADA DISSO VERÁ O DIA! Absolutamente nada! — exclama o professor Lahmer.
   Isaac Rosgarstein olha para seus desenhos: traços bem feitos, linhas retas e curvas, linhas pretas, linhas vermelhas. Ele avalia as proporções rigorosas, a bela simetria, o equilíbrio, a disposição lógica absolutamente geométrica, na qual cimbres e contracimbres se encaixam, se opõem e se cruzam, números aqui e ali, tinta azul e vermelha. Não-não-não, ele não vê o que pode estar errado. Olha de novo para os números que correm de um traço a outro, calcula, subtrai, multiplica em silêncio, somente os lábios se mexem. Quarenta horas de trabalho, o domingo passado nisso. É a segunda vez que ele refaz suas plantas. Um trabalho sem fim.
   — Aqui, eu sou o arquiteto. Não o senhor. Definitivamente, não o senhor! — repete o professor Lahmer.
   Ao longe, vozes altas, gritos, seus ecos. Agudos; outros, mais graves e entrecortados; desarticulados; como gargalhadas sem motivo ou gorjeios de pássaros exóticos. Os grandes olhos negros de Isaac, circunspectos, percorrem o longo corredor branco que eles atravessam com pressa. À frente, a porta dupla envidraçada se abre para os diferentes setores do Instituto.

Uma cortina espessa deixa os vidros opacos. Novos gritos. "Acesso reservado ao pessoal." Ele entra sem dizer nada.

– Os apáticos não podem ser encerrados com os furiosos. Tss-tss-tss. Isso não se faz. No mesmo prédio? Impossível! Eu avisei.

Não, Isaac não tinha a menor lembrança desse aviso.

– "Desmembrar" é a palavra-chave! "Desmembrar, desmembrar, desmembrar!" Eu também não tinha dito isso?

"Não", pensa Isaac para si mesmo, nenhuma lembrança nesse sentido. De repente, enquanto eles se preparam para atravessar a porta dos fundos do Instituto e chegar aos jardins, o professor se detém, e Isaac, a planta aberta à frente, as pontas voando e se dobrando, cegando-o, quase o derruba.

– A loucura é contagiosa? – pergunta o professor, em voz baixa, os grandes olhos míopes dançando pelo rosto de Isaac.

Contagiosa? Ele retoma a caminhada, a passo rápido, e desce as escadas que levam ao pátio principal, aos prédios anexos, ao jardim e ao parque do Instituto. Tudo o que resta do antigo palacete Kinsky.

– O asilo não encerra, meu caro, ele cura, entende? As paredes curam. Tudo depende da maneira como são dispostas. Disposição. Tsss-tsss. Uma janela, um postigo, uma porta, ângulos retos, paredes curvas, depende das circunstâncias; uma pintura, uma ária, uma corrente de ar podem curar. Entende? Curar.

Um silêncio de alguns passos, depois:

– Quatro tipos de doentes: os furiosos, os imbecis, os convalescentes e os apáticos. Portanto, quatro prédios! Não um, quatro, estou dizendo. Quatro.

Ele conta nos dedos, mas interrompe o gesto, a testa franzida, as sobrancelhas quase juntas, o rosto voltado para o chão de pedras gastas.

— Não, cinco. É preciso isolar os maníaco-vesânicos. É isso, cinco. Cinco.

Depois, virando-se para Isaac.

— Cinco?

Circunspecção de Isaac.

O professor, sem esperar por uma resposta, segue em frente, saltitante.

— O louco precisa ser livre. Para que seus humores irracionais possam sair. Possam se expressar. Longe, muito longe.

O tom solene, o dedo apontado para o céu, o corpo assimétrico:

— Para que a cabeça se ordene, ordenar o espaço.

Sorriso satisfeito.

— O asilo deve ser um pensamento; não uma prisão, ou um monastério. O senhor parece confundir cura e castigo, meu caro! — ele diz, apontando para as plantas. — O asilo é um pensamento que deve fazer os outros pensar! O senhor entende? É preciso encontrar a boa combinação de paredes, janelas, corredores.

Ele para.

— Isolamento e reunião!

E volta a caminhar.

— Não muita sociabilidade espelhada. Se nos separarmos dos outros, cairemos numa doença ainda mais mórbida!

Ele diminui o passo e contempla o parque. Hesitante. Parece perdido. Mas não muito.

Devemos prever o alojamento das famílias também; dos amigos, até... de alguns civis. Duas ou três casinhas. Chalés. Essas pessoas poderiam alugá-los por um dia ou dois.

Chalés? Isaac olha para a planta com desânimo. As linhas se confundem, os números se apagam, seu trabalho desmorona. Onde ele pode colocar os chalés?

– Visitar os loucos? – continua Lahmer, apressando o passo. – Não tão sórdido assim! Como os zoológicos negros que tivemos em Viena, no inverno passado.

Ele agita a cabeça em todos os sentidos. Seus cabelos esvoaçam.

– Meus Deus, alguns pareciam verdadeiros selvagens!

Ele volta a caminhar apressadamente, movimentando os braços. Isaac o segue e se pergunta para onde eles podem estar se dirigindo. Ele olha em volta e não reconhece onde está. Eles saíram do pátio do Instituto e passaram por uma pequena porta em direção a uma parte dos jardins que ele nunca frequentou. Ali, depois de algumas dezenas de metros de um mar de bardanas, urtigas e cânhamo selvagem, ergue-se um velho pavilhão. O teto está torto e cheio de buracos, a chaminé parece afundada, as escadas da entrada estão cobertas de musgo, o reboco, de um marrom sanguíneo, cai em grandes placas. A porta dupla está condenada. E duas janelas altas também. Eles contornam o pavilhão por um caminho estreito cheio de galhos secos e alguns pedaços de muro ou telhado caídos. Isaac precisa levantar bem os joelhos, como um cavalo de carrossel, sua planta se amassa e rasga em alguns lugares.

– Mas aqui será tudo o inverso! O importante é que os loucos vejam as pessoas!

Ele se vira para Isaac com grandes olhos houdinianos.

– Um novo conceito de loucura! Um novo conceito de asilo! Chega de encerramento! Ar livre, ar! Os doentes podem ser curados; pelo menos, alguns. Curáveis, sim, curáveis.

Ele bate no próprio peito, com violência.

– A loucura se localiza numa parte da cabeça, mas a consciência permanece, em algum lugar; ela se enterra, é preciso desenterrá-la.

Epílogo

Diante deles surge a antiga horta da propriedade, cercada por uma mureta. Ele agarra o braço de Isaac. Lábios trêmulos, algumas gotas de suor aqui e ali, olhos febris.

– A separação e a ordem em função da gravidade dos casos, sempre! Os mais calmos e os mais sadios na periferia; no centro, os agitados, os epiléticos, os indecentes e os furiosos. É uma organização que dá o que pensar.

Uma sombra passa em seu olhar, e sua voz se suaviza.

– Meus colegas...

Ele hesita, fala em tom de confidência.

– Meus colegas não querem sair deste lugar, sabia? Fazem uma guerra diária para que o projeto não se concretize.

Isaac franze o cenho.

– São apenas alguns quilômetros!

– Não importa! O barulho... Não os gritos ou os choros, mas o barulho da cidade. E seu cheiro. As pessoas, as mulheres, as amantes, vá saber! Tudo os detém, ao que parece. De minha parte...

O professor pega um molho de chaves que têm o tamanho de sua mão; há uma dezena delas.

– Eu... acho que nunca de fato conheci o campo.

A fechadura gira com um ruído áspero, a porta da velha casa se abre e range. Um cheiro de coisas estragadas e podres agride o olfato.

– É aqui que os arquivos são armazenados, no primeiro andar. Vamos, quero lhe mostrar algo.

O vestíbulo é amplo, mas está abarrotado de pequenas pilhas de lençóis ou trapos de hospital: velhos roupões esfarrapados, calças rasgadas, camisas listradas e desbotadas, colchões velhos, manchados e mofados. A desolação é grande. As paredes estão cobertas de palavras em azul e vermelho, homenzinhos desenhados com carvão, enforcados, desmembrados.

Mais adiante, uma coleção de borboletas riscadas no gesso, numa parede inteira, talvez cem ou duzentas, e ao se aproximar – está escuro ali dentro, as venezianas estão fechadas –, Isaac percebe, no lugar da cabeça dos insetos, pequenos rostos humanos crispados e gritando. Como uma procissão de pequenas fadas tristes. Um desenho insano. O teto está preto de fumaça e o ar cheio de fuligem devido à falta de limpeza dos antigos aquecedores. Depois de alguns minutos, Isaac vê grades nas janelas. Grades internas, o que aumenta a sensação de sufocamento. Eles avançam pelo pavilhão do asilo. Um longo corredor, salas vazias de cada lado, uma escada. No primeiro andar, uma porta entreaberta.

Um quarto vazio. Cheiro forte de amoníaco e de fenol, lençóis empilhados no chão, amarelados, o colchão, de pé, está apoiado na parede, sozinho. Na porta de entrada, uma ficha sai para fora de um envelope pregado num mural, indicando que se trata do quarto de um certo Schroeder, com algumas anotações nosográficas: "furioso", "maníaco", "delirante"...

– O quarto do capitão Schroeder – diz o professor, com voz grave. – Oficial de artilharia. Enlouquecido pelo barulho dos canhões. O tempo todo com as mãos nos ouvidos, olhar de pavor. Andava em círculos – ele diz, apontando para o chão gasto –, encurvado, como se evitasse as bombas inimigas. Quase rastejava.

Ele o imita. Depois se ergue, o rosto sem expressão.

– Sua vida se tornou um inferno! Encerrou-a, no mês passado.

Ele aponta para a janela, para seu puxador, a no máximo um metro e trinta do chão.

– Ele...

EPÍLOGO

O professor hesita. Num tom de confidência:

— Ele conseguiu se enforcar nesse puxador. Com uma corda feita de lençol. Os joelhos dobrados. O desespero foi mais forte. E... Nós... Eu...

Seu rosto se alonga, seus olhos endurecem.

— Meus colegas e eu mesmo não conseguimos...

Um longo silêncio. Depois ele aponta para a cama metálica. Voz mais alta.

— Pense em fixar os móveis no chão. Cama fixa, cadeira fixa, mesa fixa. Tudo o que é móvel se torna um instrumento de dor.

Ele aponta para a janela.

— Sem puxadores nas janelas. Sem puxadores.

Por fim, o chão.

— E no chão, parquê, para abafar os gritos e diminuir o eco.

Ele olha pela janela, para uma ponta da horta abandonada.

— Como se trata de uma colônia agrícola, pense em criar uma horta, um galinheiro e talvez um estábulo para algumas vacas. Algumas vacas. Os pacientes precisam se sentir úteis e livres. A liberdade apaga a alienação. No centro, os furiosos e os indecentes, o centro é importante. E na periferia... Meus colegas tinham medo da possibilidade de fuga. Lembre-se do caso do pequeno Schlibert, no ano passado, que aterrorizou Dortmund inteira? Ele escapou do hospital Santa Lúcia.

Isaac lembra muito bem desse caso. Toda a psiquiatria fora levada ao banco dos réus. "Ciência aleatória", "desordenada", "irracional" ou "falsamente racional", "perigosa, imprecisa, ineficaz", "inconsciente"...

— A colônia precisa ser cercada, mas ao mesmo tempo deve-se encontrar uma maneira de passar a impressão de liberdade.

— Um "salto de lobo".
— Como?
— Um fosso em volta da colônia e, no ponto mais baixo, uma cerca de arame farpado. Assim, ela fica invisível.
— Arame farpado?
— É de origem americana: fios de ferro torcidos, com farpas pontiagudas. É muito usado. Eles usam com o gado.
— Com o gado?
— É muito econômico.

Lahmer pensa.

— Um "salto de lobo".

E fica olhando para o ferrolho da janela por um bom tempo, em silêncio.

— Então, a colônia: cinco prédios semicirculares, chalés, um estábulo, uma horta. Faça uma planta e uma estimativa de custos o mais rápido possível.

Isaac fica sem ar. Ela pensa na viagem para os Alpes suíços que havia prometido a Sarah e aos filhos.

— Bem...

— Este pavilhão — emenda o professor, mostrando as paredes que o cercam — é tudo o que não deve ser feito. Prédios dispostos sem coerência, portas e fechaduras por toda parte. Proibições, limitações, uma vigilância impossível, cuidados inadequados...

Ele aponta para a ranhura de uma palavra no gesso da parede.

— Sabia que tinta e canetas são proibidas? Uma velha regra. Porque os diretores de asilo temem reclamações e denúncias. Artigo 30 da lei de 1865 sobre os estabelecimentos de saúde. Todo texto redigido por um paciente a respeito das condições de sua estadia deve ser levado ao conhecimento da administração e de uma eventual autoridade judiciária.

— E?

— Portanto, típico princípio de adaptação, os diretores deste asilo, para se proteger, proibiram canetas e tinteiros aos pacientes. Assim, sem escritos, sem reclamações, sem denúncias. Venha comigo...

Lahmer retoma o passo apressado: um corredor estreito e escuro, com cheiro de umidade, uma escada de serviço que leva ao topo do pavilhão, três pequenos quartos em sequência, dois vazios, um ocupado. Lahmer para e cochicha, diante da porta espessa. Uma pequena luz que passa pelas grades permite ver o interior.

— Veja este paciente... Um dos últimos a ocupar o prédio. É provisório.

Uma pilha de trapos numa cadeira. Isaac mal consegue reconhecer a silhueta de um homem. Seus olhos se apertam e penetram a escuridão. O homem está sentado e imóvel, o olhar fixo na janela e nas venezianas fechadas. Usa uma blusa cinza. Um leve vapor sai de sua boca, o pequeno aquecedor perto da chaminé está apagado.

— Ah! – diz Isaac.

— Pois bem... princípio de adaptação, aqui também – retoma o professor Lahmer. – Desde que chegou, este homem só pensa em burlar a proibição de escrever. Muito imaginativo. Não sabemos como, mas ele conseguiu capturar uma pomba, que lhe forneceu umas boas plumas. Para a tinta, ele misturou água com ferrugem. Escreveu umas trinta cartas dessa maneira. Apagando parte da correspondência que recebia para reescrever por cima das palavras apagadas. As enfermeiras encontraram essas cartas atrás da chaminé. Algo como poesias. Ou panfletos. Textos incoerentes! Ele estava bastante nervoso quando chegou aqui, quero dizer, ao asilo. Mas ao ser aproximado da biblioteca, e dos livros, ele se acalmou. O cheiro do papel, das encadernações, vá saber.

Depois:

— Venha.

O professor abre uma nova porta, e estantes de livros e caixas de papelão aparecem. Do chão ao teto, sem ordem, às vezes carcomidos por parasitas, sem cuidado. Lahmer tira de uma estante uma encadernação comprida, com desenhos em dourado, coloca-a em cima de duas pilhas instáveis de papéis não arquivados e abre-a como se fosse um tesouro finalmente revelado.

— Meus projetos de colônia asilar. Eles têm dez anos, talvez. Eu mesmo os desenhei.

O olhar brilhante, direto, interrogador.

— Poderia se inspirar neles?

Gritos súbitos que sobem do jardim. Gritos de alerta. O nome do professor. Ele está sendo procurado. Gritos repetidos. O professor suspira, irritado.

— Com licença. Estou sendo chamado.

Ele sai, apressado, e mergulha na pequena escada, deixando Isaac, no frio e na penumbra, na presença daquela planta sem rigor e daqueles loucos que ele não sabe ao certo se são furiosos, apáticos, melancólicos ou frenéticos. Um olhar é suficiente: as plantas não têm utilidade. Ele as abandona ali e volta, tomado de curiosidade, à cela do louco grafômano. O homem não se mexeu. Ele enxerga melhor agora: braços magros, cabelos desalinhados, olhos escuros, bochechas encovadas, barba recente e desordenada e um copioso bigode que esconde a boca. À porta, uma pequena ficha, como na cela do capitão Schroeder. Isaac pega o papel e lê:

Epílogo

18 de janeiro de 1889. Ficha de admissão.
Redigida pelo dr. Morris:

Pupilas: a da direita, aberta, a da esquerda, bastante fechada, levemente e irregularmente contraída. Obtidas todas as reações à esquerda; à direita, apenas reação de convergência; reação sinérgica só existe do lado esquerdo [...] paralisia progressiva provavelmente de origem sifilítica.

Pressão da mão direita mais forte que a da mão esquerda (exemplo típico de escrita) [...] Exame de sensibilidade impossibilitado pela agitação do doente; ao que parece, hiperestesia generalizada.

Cabeça insensível ao toque [...] Miopia pronunciada. Perturbações da fala.

Não parece reconhecer os próximos, e parece insensível à alegria e à dor.

Segundo um amigo (editor), sempre foi um pouco "estranho", mas muito dotado, até mesmo genial [...].

Silencioso desde a admissão.
Obsessão: escrever.

Isaac levanta uma sobrancelha, olha para o pobre homem que tem à sua frente, imóvel, como que aparafusado ao chão, à cadeira, à mesa. Ele volta à ficha, para ler o verso. Uma letra fina, em tinta vermelha, dizia o nome do paciente, a nacionalidade, a profissão e a idade: "Friedrich Nietzsche, cidadão suíço, professor, 46 anos".

FIM

Posfácio

por *Nathalie Prince*

"Lá onde a vida a empareda, a inteligência abre uma brecha."
MARCEL PROUST, *O tempo redescoberto*

EXISTEM diferentes tons de preto?

Sem você, o céu é um maldito lençol preto. Tão preto que não há mais nenhuma sombra. As estrelas, onde foram parar as estrelas?

Mergulhar na escrita depois de ter bebido o céu. É isso que faço...

Louise Danou foi quem me fez falar. Eu nunca teria dito nada. Ela me pediu para contar – um pouco – nossa história, a que nos liga a Nietzsche há tanto tempo... A obra de Nietzsche sempre nos acompanhou. Como histórias de ninar. Você me contava Nietzsche. Sua voz continua aqui. Ela está dentro de mim. Ela não pode mais sair, mas eu posso escrevê-la. Nietzsche está em tudo, em você e em mim. Em nós. Entramos em seus textos quando éramos estudantes, na classe preparatória para o curso de Letras. Entramos em sua biografia quando éramos professores. Entramos em sua mente.

Descobrimos, juntos, as últimas cartas de Nietzsche, há mais ou menos cinco anos, e ficamos perplexos. Foi num momento em que obedecíamos, mais do que à alegria de estarmos juntos, à de escrevermos juntos. Num momento em que invertemos todas as perspectivas... Cada dia era um desafio, que precisávamos viver e superar. E essas cartas nos acompanharam o tempo todo: seguimos os sofrimentos de Nietzsche, seu caminho de solidão, sua doença, *intimamente*. É difícil explicar tanta afinidade e tanta intensidade... Sentimos seu sofrimento e sua alegria, os últimos fios de sua lucidez e a brutalidade de sua demência. Atravessamos junto com ele a porta de sua loucura, porta que você fechou ao passar.

A história da irmã nos intrigava: as últimas cartas de Nietzsche falavam da mudança de Elisabeth para o Paraguai e do sucesso que ela ostentava, nós nos perguntávamos que diabos ela fora fazer naquele fim de mundo, cheio de *vinchucas* e índios. A história é romanesca e verídica: a irmã de Nietzsche viajou em 1886, junto com o marido, para fundar uma colônia alemã no coração do Paraguai. Acumulamos documentos, artigos dedicados à sua vida, encontramos imagens dos colonos e da propriedade dos Förster, fragmentos, memórias, artigos de jornais... Dezenas e dezenas de textos foram guardados, triados, esquecidos, perdidos, reencontrados, empilhados, sublinhados: não há nada mais prazeroso do que esse trabalho de pesquisa e troca de achados. *Forgotten Fatherland**, de Ben Macintyre, historiador e cronista do *Times*, foi uma referência estimulante. Mas várias pessoas nos ajudaram neste livro... Você me permite contar que você se deu ao trabalho de inventar textos que não existem, de escrever notas que são puros exemplos de fantasia? O leitor curioso talvez tenha

---

* MACINTYRE, Ben. *Forgotten Fatherland: the True Story of Nietzsche's Sister and Her Lost Aryan Colony.* Nova York: Broadway, 2011.

trabalho pela frente. Pensar que alguns procurarão por textos que nunca foram publicados me faz sorrir... Como alguns leitores de Stendhal, que em vão percorrem a Itália em busca da Cartuxa de Parma!

Tínhamos uma boa história. Era preciso escrevê-la...

Escalamos juntos essa montanha nietzschiana, mais ou menos conscientemente, sem nunca dizermos que lá em cima, bem no alto, teríamos que nos separar. Nunca foi tão difícil subir uma montanha, e a animação nunca arrefeceu. Escrevemos, portanto, até o ponto final. Com a urgência de dizer, antes de calar para sempre. Assim, a obra foi quase finalizada no verão de 2017. Éramos levados pelo livro e tudo ia bem. Mas tínhamos chegado ao topo, e não é possível ficar no alto da montanha para sempre.

Desenhar os contornos do Paraguai no final do século XIX significou voltar a mergulhar (um pouco) nos meandros das *Amazônicas**, que você publicou sob pseudônimo... Significou redesenhar uma paisagem de fim do mundo, com suas mancenilheiras e seus insetos, o mesmo mundo em que o casal Förster escolheu instalar sua colônia de fantasmas loiros, sonhando com aventuras e ar puro. De Caiena, que fui levada a visitar várias vezes, voltei cheia de morfografias. Elas ilustram *Nietzsche no Paraguai* e são parte da tela fim de século que nos marcavam a carne como flechas de quebracho: um piano no coração da selva, borboletas com asas de Virgem sobre cadáveres, um cavalo branco no meio dos animais selvagens, vestidos de renda preta com barras rasgadas cheias de terra vermelha, um rato pendurado na aba de um ventilador, amarrado pelo rabo... Um imaginário em cores; um imaginário decadente.

Para além do quadro, as falhas e os segredos.

---

* DOKMAK, Boris. *Les Amazoniques*. Paris: Ring, 2015.

Primeiro, era preciso colocar em cena vários destinos interligados: o da irmã, Elisabeth, e o do irmão, Friedrich. Uma relação quase caimita: Elisabeth deixa o irmão se extinguir enquanto ela funda sua cidade, como Caim, que construiu a primeira cidade depois de matar o irmão Abel. Entre a irmã que rasga a tela sem quase nunca aparecer no romance e o irmão ausente que invade cada página, *Nietzsche no Paraguai* entrelaça várias trajetórias que também são quedas. Também era preciso traçar os destinos paralelos de Förster, incapaz de manter seu pequeno mundo branco e deixando-se lentamente levar para o naufrágio alcoolizado e envenenado, e de Nietzsche, que afunda no peso de sua solidão enquanto o outro afunda na selva. Um Nietzsche que sabe o que o espera, que sabe o que lhe resta a escrever, que vê o mundo correndo para o seu fim. Um Nietzsche cujos dedos se mancham de azul ao escrever as palavras do *Zaratustra*, num hotel sem encanto, um Nietzsche cujos olhos não lhe permitem mais enxergar o que ele mesmo escreveu... Um Nietzsche que se tornou um estranho, acima dos homens, distante do mundo, muito além de sua época. Entre Nietzsche e Förster, e carregando os dois nomes, Elisabeth perde os dois ao mesmo tempo...

    Era preciso enfatizar a superposição de duas imagens: a imagem de Nueva Germania vista por Förster e a imagem da Colônia vista por Elisabeth. Duas visões incapazes de se encontrar. Quando ele funda sua Colônia, Förster imagina uma *Weltanschauung*, um estar-no-mundo, uma missão a cumprir; Elisabeth, por sua vez, reescreve o presente, fabrica um mito, perceptível nas cartas ao irmão e nas páginas que ela não sabe escrever, mas que sabe apagar... Förster tem uma visão: ele pensa em sua cidade com obsessão, sonha com cercas, barricadas, cada vez mais sólidas, cada vez mais altas, para proteger o sangue puro e engrandecer a Alemanha... Elisabeth também tem sonhos de grandeza: ela imagina o marido governando o Paraguai, tem sonhos de rainha, no topo...

E a realidade? Förster se instala em Nueva Germania com as quinze famílias que o seguem... As condições materiais são deploráveis; as terras não são cultiváveis; o país é pouco acolhedor. Sem contar as doenças devastadoras (malária, tuberculose), os insetos e as cobras. O pequeno mundo está fadado ao desastre... A miniatura de uma Alemanha à beira do abismo. Aquele pequeno canto no Paraguai revela toda a grandeza e toda a decadência da Alemanha. Elisabeth Förster-Nietzsche não quer enxergar isso: ela quer deixar outras marcas, escrever *sua* Nova Germânia, em contraponto, e apagar a realidade. Förster, por sua vez, constrói pacientemente um universo concentracionário, sem outra forma de processo. No lugar onde queria fecundar a terra do Paraguai e participar de um "novo nascimento" da Alemanha, ele instala um campo de morte, cercado de arames farpados para proteger o interior dos perigos do exterior, repetição inversa dos campos de extermínio. O campo de Förster também prefigura aqueles que se desenham nas plantas arquitetônicas para repensar o universo dos alienados. A loucura Nietzsche precedida pela loucura Förster...

Por fim, era preciso, ao lado desses personagens reais que correm para a própria perdição, colocar na ficção almas de papel: o aventureiro solitário, Virginio Miramontes, anjo negro, marcado por um passado violento, a ruiva Clara Schulz, nos antípodas desse mundo de brutamontes masculinos de maos sujas de terra, com sua consciência burguesa, a pele leitosa e o azul do céu nos olhos. Também o pequeno índio, encarnação da pureza, que se contrapõe aos sonhos conspurcados de antissemitismo de Förster e permite a inserção de uma leitura de Wagner e, com ele, de sua música, seus cisnes, suas jovens (em flor ou devassas), e entre elas Kundry, a que ri enquanto o mundo vacila... O sonho demente de Förster – semear uma terra virgem e criar uma raça pura – se realiza nessa imagem simbólica da criança pura, Parsifal, que para sempre estará fora de seu alcance. Era preciso que, paradoxalmente, fosse um índio que carregasse essa pureza, e não uma criança da Colônia. A união de Parsifal com Katryn acaba bruscamente com os sonhos de pureza de Förster. É incrível imaginar que essa Nueva Germania permitiu mestiçagens improváveis e que, com o passar do tempo, a pele branca dos colonos se misturou à pele dourada, caramelizada, acobreada dos índios...*

Como construir o romance?

Havia uma loucura Dokmak, que era preciso conservar a qualquer preço, para construir um relato total e operístico: a mistura de suportes e gêneros (cartas, fotografias, gravuras, mapas, diário de bordo, notas técnicas, excertos de memórias, fichas de caracterologia, devaneio musical, cantos populares etc.), mistura de estilos e tons, filosofia e história, e a mestiçagem das línguas, com palavras estrangeiras que são como pregos cravados nos sonhos de Förster... Também foi preciso apagar um pouco a escuridão que você carregava para tornar o texto mais acessível, mais compartilhável.

(Re)escrever as cartas de Nietzsche foi outro desafio. Manter os originais de Nietzsche mais ou menos intactos, mas mudar as datas, ajustar os detalhes, adaptá-los à ficção. Preservar a memória de Nietzsche sem traí-lo, mas tampouco trair a ficção. As cartas estão ali, Nietzsche está ali, mas é

---

* Ver as inúmeras reportagens na televisão ou na internet que foram dedicadas aos descendentes de Nueva Germania.
Cf. www.nytimes.com/2013/05/06/world/americas/german-outpost-born-of-racism-blends-into-paraguay.html
(acessado em 17 de julho de 2018) ou www.ticotimes.net/2016/02/27/the--lost/aryan-utopia-of-nueva-germania (acessado em 17 de julho de 2018).

preciso raspar para encontrar os originais. O leitor curioso e avisado precisará recorrer aos escritos de Nietzsche para seguir outro fio dessa meada. Sublinhamos. Você me dita. Eu anoto. Transformo. Você reescreve. O texto de Nietzsche se desfia, se desfaz e se redesenha. Nosso texto se cria quase sozinho...

    Você tem um estilo que eu jamais conseguiria imitar. É impossível escrever uma frase sem que você a drene, sem que você a esvazie de seus epítetos, sem que você a devore até o osso. Uma frase no estado puro. Uma frase absolutamente nua. Uma frase impudica e brutal. Não conheço nada igual. Até a pontuação, que você transforma, apagando sem descanso o ponto e vírgula para substituí-lo por frases curtas e entrecortadas ao limite do possível. Você era habitado pela ficção – mesmo nos agradecimentos ao início do romance ou nas notas de pé de página! Isso ainda me faz sorrir... De minha parte, aproveito para agradecer a Yannick Souladié, por sua ajuda no trabalho com as cartas e sua boa vontade nos retoques fantasiosos que foram feitos sobre suas traduções de magnífico rigor; a Guido Rodriguez A., por seus conselhos bibliográficos, e aos primeiros leitores do romance, a começar por nossa diretora literária na Flammarion. Como se essa grande editora tivesse entendido nossa urgência em compartilhar o texto, Louise Danou nos contatou dois dias depois do envio do texto digitado por correio, entusiasmada e decidida...

    Os momentos no alto da montanha foram vividos com felicidade. Eles continuam aqui, suspensos. São momentos que fazem com que eu esteja pronta para retomar minha vida. Reencontro Nietzsche, de novo, numa de suas ideias mais difíceis, a do eterno retorno. Mais uma vez! Mais uma vez por toda a eternidade! Porque dei um sentido a cada segundo de minha vida graças à escrita, graças à literatura, graças a você. Porque fiz de cada momento de minha vida um momento não insignificante. Estou pronta a revivê-la, com esse sofrimento que carrego e que me carrega. Antes de segui-lo nessa escuridão que não me assusta... Não sou uma noiva do Tophar.* Escolhi continuar de pé. Chorei todas as lágrimas do Rimacana, mas é sorrindo que penso em você. Eu sei que você me espera. Eis, portanto, um posfácio que eu gostaria de não ter escrito, para um romance que precisa viver. Sem você, meu amor das catacumbas. Conseguirei carregar esse fardo sozinha? Conseguirei continuar a escrever sem você? Acho que posso fazê-lo; quero fazê-lo; vou fazê-lo. Porque era você, porque era eu.

Dizem que depois de ouvir Mozart, o silêncio que se segue ainda é Mozart. O silêncio que você deixou continua me levando a você.

E ponto final.

---

* Ver DOKMAK, Boris. *La Femme qui valait trois milliards*. Paris: Ring, 2013.

Retrato de Bernard Förster. © GSA 101/105, Foto: Klassik Stiftung Weimar.

Retrato de Elisabeth Nietzsche. © SZ Photo / Scherl / Bridgeman Images.

O dr. Bernhard Förster (a cavalo) e alguns colonos. À direita, segundo o padre Anselm Meyerson: Ernst Schulz. GSA 101/105, Foto: Klassik Stiftung Weimar.

A casa dos Förster: Försterhof. British Library HMNTS 10481.ff.34.

Bibliografia

BLANCPAIN, Jean-Pierre. *Migrations et mémoire germaniques en Amérique latine à l'époque contemporaine: contribution à l'étude de l'expansion allemande outre-mer*. Estrasburgo: Presses universitaires de Strasbourg, 1994.

BOIDIN, Capucine. *Guerre et métissage au Paraguay (2001-1767)*. Rennes: Presses universitaires de Rennes, 2011.

BORGES, Jorge Luis. *La Légende noire de Virginio Miramontès* (sic). Buenos Aires: Edition Roja, 1956.

BRUNSCHWIG, Henri. *L'Expansion allemande outre-mer: du XVe à nos jours (pays d'outre-mer)*. Paris: Presses universitaires de France, 1957.

CAMRON, James. *The Great Literary Lie of Nazism*. Londres: Cambridge Edition, 1997.

CAPDEVILA, Luc. *Une guerre totale. Paraguay (1864-1870)*. Rennes: Presses universitaires de Rennes, 2015.

DIETHE, Carol. *Nietzsches Schwester und der Wille zur Macht: Die Biographie von Elisabeth Förster-Nietzsche*. Hamburgo: Europa, 2001.

DOKMAK, Boris. *Les Amazoniques*. Paris: Ring, 2015.

FÖRSTER, Bernhard. *Parsifal-Nachklänge. Allerhand Gedanken über Deutsche Cultur, Wissenschaft, Kunst, Gesellschaft*. Leipzig, in Commission bei Theodor Fritsch, 1883.

_____. *Die Traümerein von Parsifal (Les Rêveries de Parsifal)*, manuscrito Först/TR1883, consultado na Biblioteca Nacional do Paraguai, Assunção.

_____. *Deutsche Colonien in dem oberen Laplata-Gebiete mit besonderer Berücksichtigung von Paraguay. Ergebnisse eigehender Prüfungen, praktischer Arbeiten und Reisen, 1883-1885* (Colônias alemãs no curso superior do rio da Prata, especialmente no Paraguai. Resultados de pesquisas aprofundadas, de trabalhos práticos e de viagens) (Naumburg, 1886), Ulan Press, 2012.

FÖRSTER-NIETZSCHE, Elisabeth. *Das Nietzsche-Archiv, seine Feinde und Freunde.* Marquardt, 1907.

_____. *Der Einsame Nietzsche.* Leipzig: Kröner, 1914.

_____. *Der werdende Nietszche. Autobiographische Aufzeichnungen.* Munique: Musarion Verlag, 1924.

_____. *Der junge Nietzsche.* Leipzig: Kröner, 1912.

_____. *Dr Bernhard Förster's Kolonie Neu-Germania in Paraguay.* (Berlin, 1891), Primary Source Edition, Nabu Press, 2013.

GONZALES, Jean-Jacques. *Parsifal e(s)t Graal.* Paris: Manucius, 1987.

HINDRICHS, Wolfgang. *Nueva Germania: eine Herausforderung in Paraguay.* Düren: Hahne und Schlœmere, 2006.

HOLUB, Robert C. "The Elisabeth Legend: The Cleansing of Nietzsche and the Sullying of His Sister", in GOLOMB, Jacob; WISTRICH, Robert S. (Org.) *Nietzsche, Godfather of Fascism? On the Uses and Abuses of a Philosophy.* Princeton University Press, 2002.

KESSLER, conde. *Cahiers. 1918-1937.* Paris: Grasset, 2011.

KLEINPENNING, Jan. *Rural Paraguay (1870-1963).* Ibero-americana Vervuert, 2009.

KRAUS, Daniela. *Bernhard und Elisabeth Försters Nueva Germania in Paraguay. Eine antisemitische Utopie.* Tese de doutorado. Viena: 1999.

LAHMER, Pr. *La Colonie agricole asilaire de Burgmonten.* Basileia: Kundry Editor, 1921.

MACINTYRE, Ben. *Forgotten Fatherland: The True Story of Nietzsche's Sister and Her Lost Aryan Colony* (1992). Broadway Books, 2011.

_____. *The Search for Elisabeth Nietzsche.* Londres: Macmillan, 1992.

MEYERSON, Anselm Pr. "Deutschland und Paraguay 1933-1937", in *Historische Zeitschrift,* nov. 1948, p. 35-49.

MULCHIN, John H. *The German Colonies in South-America, 1815-1914.* Ottawa. Canadian University Edition, 1967, p. 25-28.

NIETZSCHE, Friedrich. *Dernières Lettres. Hiver 1887-Hiver 1889. De la volonté de puissance à l'Antichrist.* Trad. Yannick Souladié. Paris: Manucius, 2011.

_____. *Œuvres.* Paris: Laffont, coleção "Bouquins", 2 tomos, 1993.

PERRIN, Olivier. *Toro Pichaí et les massacres de la Grande Guerre.* Rennes: Presses universitaires de Rennes, 1993.

PESTUREAU, Jean-François. *Nietzsche.* Paris: Perrin, 2012.

PETERS, Heinz Frederick. *Zarathustra's Sister.* Nova York: Crown, First éditions, 1977.

ROCHE, Jean. "Les Systèmes agraires dans les colonies allemandes du sud du Brésil", in *Études rurales,* Paris, Éditions de l'École des hautes études en sciences sociales, 1963, volume 10, n. 1, p. 26 a 36.

RODRIGUEZ A., Guido; CAPDEVILA, Luc. *Une colonie française au Paraguay: la Nouvelle-Bordeaux.* Paris: Harmattan, 2005.

SALGUESMAN, Gaspard. *Le Carnet de route du capitaine Virginio Miramontes, et ses falsifications.* Tese de doutorado. Universidade de Friburgo, 1932.

SCHULZ, Clara. *Eine Frau in Nueva Germania* (1932). Berlim: Klans Editions, 1936. Consultado numa coleção particular.

_____. *Virginio Miramontes intime, lettres à ma fille,* inédito.

STOEGKLIN, Jules. *Les Colonies et l'Émigration allemandes.* Paris: Louis Westhauser Éditeur, 1888.

TAGUIEFF, Pierre-André. *Wagner contre les Juifs.* Paris: Berg International, 2012.

UZTARROZ, Ricardo. *Amazonie mangeuse d'hommes. Incroyables aventures dans l'Enfer vert.* Paris: Arthaud, 2008.

WARREN, Harris Gaylord. *La Reconstrucción del Paraguay, 1878-1904.* Assunção: Intercontinental, 2010.

WOLF, Anton. *Ma vie à Nueva Germania.* Iena: Butch-Iena, 1923.

lepmeditores
www.lpm.com.br
o site que conta tudo

Impresso na Gráfica BMF
2020